유명산의 4060
도전과 성장,
그리고 정년

유명산 지음

유명산의 4060

도전과 성장, 그리고 정년

나는 한 분야의 일을
오랫동안 해왔다는 자부심도 있다.

40년의 경험과 지식을 공유하고
생활의 노하우를 제시하는 이야기

바른북스

책을 펴내면서

매탄벌의 가을 코스모스 길을 걸으며 입성한 수원!

어느덧 40년이라는 긴 회사 생활을 마무리하고 몇 년의 시간이 지났다. 인생의 3분의 2를 투자하면서 다닌 회사 생활, 나름의 내용을 그냥 묻어두기에는 아쉬움이 조금 생겼다. 해서, 그동안 선배들의 주옥같은 가르침과 새로운 것에 대한 쉼 없는 배움을 통해 성장해 가는 나의 모습과 함께 생활한 내용을 정리해 보기로 하였다. 이대로 잊혀가기에는 아쉬움이 많아 기록으로 남기고 모든 분들과 내가 이렇게 지내왔다는 것을 알리고 싶었다. 그리고 제조현장과 품질업무를 열심히 하고 계실 분들에게 조금이나마 도움이 되었으면 하는 마음으로 실전 내용을 알리는 기회를 갖기로 하였다.

한 회사에서 하나의 주제를 가지고 오랜 기간 생활해 왔다는 자부심도 조금은 있다. 인생은 60부터라는데 60까지의 내 생활은 어떠했는지? 어떻게 지냈는지? 무엇이 나를 40년간 한곳에 묶어두었는지? 나름의 내용들을 더 늦어지기 전에 기록으로 남겨보고자 다짐하고 회고록도 아닌, 자서전도 더욱더 아닌 그냥 지금의 나를 있게 해준 제조현장과 품질 분야에서 지내온 경험과 이야기를 자유롭게 책으로 만들어 보기를 다짐하고 이렇게 정리하여 발간하게 되었다.

나는 1979년 9월 실습사원으로 입사하여 1980년 1월 정규직 사원을 시작으로 현장 관리자와 품질담당 업무를 하였다. 이후 품질과 인연이 되어 전사품질업무를 하면서 기업 경영의 한 축인 제조와 품질 분야를 전사적인 관점에서 경험하게 되었고 이를 바탕으로 협력사에 경험과 지식을 전달해 주는 컨설턴트로서의 생활도 하였다. 이러한 과정 속에서 느낀 것은 현장은 노력한 만큼의 성과가 나오는 것이고 품질은 기본이 중요하다는 것이다. 권모술수가 통하지 않는 분야가 제조와 품질인 것 같다. 거짓 없이 정도만이 성과를 증명할 수 있다는 것을 느꼈으며 이 책에 기술한 내용들은 모두 경험하고 실천한 것으로 혹시나 후배들이 현장에서 품질 관리를 할 때 도움이 되었으면 하는 내용으로 정리하였고 그 기반은 선배들에게 배운 내용이 씨앗이 되어 후에 후배들에게 전달하고 참조할 수 있는 내용으로 정리해 보았다.

제조와 품질 분야에서 30여 년을 생활한 경험과 지식으로 이후 10년을 협력사의 성장과 발전에 도움이 되고 기여할 수 있었던 같아 그 내용도 함께 정리하였다. 나 혼자만이 아닌 팀과 조직이 함께 한 일 중 도움이 될 만한 내용도 운영 관점에서 함께 정리하였다. 물론 나의 역할 중심으로~

컨설턴트 업무 중 베트남, 태국 등 해외 지도 사례와 같이 앞으로도 국내기업은 물론이고 해외에 있는 우리 기업들에게도 도움이 되는 컨설턴트가 될 수 있으면 좋을 것 같다.

　회사 생활에서 제조관리, 품질운영, 협력사 컨설턴트로 변화해 가면서 많은 것을 배우고 익힐 수 있었으며 오랜 기간 동안 근무할 수 있게 배려해 준 회사에 감사드리며 40년을 한결같이 새벽에 일어나 배웅하고 응원해 준 집사람과 사랑하는 가족 모두에게 진심으로 감사의 마음을 전하며 이 책을 전하고자 한다. 내가 정식으로 발령받은 후 45년째 되는 날에~

2025년 1월 15일
유명산

차례

책을 펴내면서

나의 두 번째 고향 수원!

수원이 나에게 제2의 고향이 될 줄은~	12
실습생에서 정규직으로~	16

그 넓은 사회에 홀로 다가가다

인생 뭐 있어! 한번 해보는 거야~	22
사회생활에서 첫 번째 변화	25

현장은 개선이 중요

왜 컨베이어가 두 개이어야 하지?	30
새로운 생산시스템 적응기	33
불편함은 덜고, 일은 편하게~	37
사내에서 사외로 영역을 확대하다	41
다시 돌아온 고향	45
품질! 나의 생각을 바꾸다	48
품질은 표준화에서 시작	53

전사품질관리의 일원이 되다

또 한 번의 변화를 맞이하다   60
품질의 신입사원이 되다   64
  - 경험을 통해 품질시스템을 이렇게 구성했어요~
  - 품질은 의식이고 경영의 기본 문화로 만드는 것이 중요
  - 품질은 경찰관이야!
  - 이제는 품질관리도 분석도 Money로!
  - 에쿠스보다 아반떼가 품질이 더 좋다면?
  - 공정품질관리! 사람이 계속해야 하나?
  - 빛고을 광주를 제3의 고향으로~
  - 국내에서 해외로~
  - 해외공장에 대한 품질지도
강산이 세 번 변한 경험으로 더 넓은 곳을 향해   106

더 넓은 세상 밖 도전을 하면서

경험을 공유하기 위해 새로운 길을 나선다   112
새 술은 새 부대에(새로운 업무를 위한 룰 만들기)   116
아는 것이 힘, 나의 모든 것을 아낌없이 주리다!   121
  - 실전에 투입된 첫 번째 업무 "컨설팅 수요를 창출하라!"
  - 상생경영에 밀알이 되자!
  - 국내를 넘어 해외 협력사까지~
  - 차이와 다름을 어떻게 우리 수준에 맞추어야 하나!
  - 코로나19와 함께한 말년!

40여 년의 한 우물을 되돌아보며

나의 두 번째
고향 수원!

수원이 나에게
제2의 고향이 될 줄은~

1979년 여름 어느 날 오전, 담임 선생님이 교무실로 나를 호출하였다.

뭐지? 혼날 일 한 게 없는데 왜 부르지? 약간의 두려움과 호기심에 교무실로 발길을 옮겼다.

담임 선생님께서 "야! FM(요것은 나의 별칭, Famous Mountain) 내일 삼성전자에서 신입생(실습사원)을 뽑기 위해 현장면접 온다고 하니 준비해."라고 하셨다.

당시 삼성전자는 금성사(현 LG전자), 천일사(별표전축) 등과 함께 최고의 전자회사로 발전해 가는 회사로 전자과 학생들이 입사하고 싶은 최고의 회사 중 하나였다. 사전에 면접에 대한 것은 알고 있었으나 갑작스러운 일정 통보에 긴장을 하면서 교실로 돌아왔다. 무엇을 준비해야 하지? 그래도 다행인 것은 당시에 나름 학교 성적은 나쁘진 않았다. 면접 당일 삼성전자 인사팀의 부장님이라면서 소개를 하고 면접을 시작하였다. 첫 질문이 원이 무엇인지 간단히 설명해 보세요. 헉! 이런 전혀 예상하지 못한 질문을 하니 긴장한 상태에서 머리가 하얗게 변해가고 있었다. 전자과에 맞는 기술적이거나 이와 유사한 질문을 할 것이라 예상하고 있었는데 보기 좋게 틀려버렸다. 잠시 고민을 하다가 호기롭게 "원은 동일한 길이의 반지름을 가진 점들이 모여 만들어진 것을 원이라고 합니다."라고 답변하였다. 잠시 흐르던 정적을 깨고 면접관님이 허허 웃으시며 예상 밖의 답변이라며 다음 몇 가지 질문을 계속하였다.

면접이 끝나고 며칠 뒤 담임 선생님께서 삼성전자 면접에 합격하였으니 가을부터 출근할 수 있게 준비하라고 말씀하셨다. 당시 실업계 고등학교에서는 대부분 취업을 목표로 하였기에 졸업 전 가을이 되면 대부분 해당 학과에 맞는 기업을 찾아 현장실습을 나가고 취업을 하곤 하였다. 나도 삼성전자에 취업을 목적으로 면접을 보고 현장실습을 나가게 되었다.

처음 출근하는 날, 수원역에서 회사까지 가기 위해서는 버스를 타고 이동하여야 했기에 버스 정류장으로 이동하여 시내버스를 타고 회사 앞 삼거리에서 하차하였다. 이때는 시내버스가 회사까지 가는 것이 많이 없어서 회사 입구 삼거리에서 도보로 이동하기로 하고 걸어가는데 나와 비슷한 무리들이 하나둘 늘어가고 있었다. 궁금해서 서로를 쳐다보며 어디 가는지 물어보니 모두 나와 같은 실습생이었다. 혼자가 아닌 여럿이 모여 가을 코스모스 길을 이런저런 얘기를 하며 걸어가니 심심하지는 않았다. 이때 걸었던 코스모스길이 지금까지도 가장 오래 기억에 남는 길이었으며 함께 걸었던 같은 목적의 친구들을 40년이 지난 지금도 헤어질 수 없는 절

친으로 이어가고 있다. 회사에 도착하여 인사과에 모여 어느 부서를 희망하는지 부서 배치에 대한 면담을 하고 모두 희망 부서로 배치가 되었다. 30여 명의 실습생 중 일부를 제외하고 모두 오디오 관련 사업부에 배치가 되었다. 나는 이렇게 해서 삼성전자에 입사하게 되었고 이후 강산이 4번 넘게 변하는 40여 년의 생활을 삼성전자와 함께하였으며 젊은 시절을 수원에서 보냈고 그래서 수원은 나의 제2의 고향이 되었다.

실습생에서 정규직으로~

　실습생으로 입사한 후 야근도 하고 밤샘 근무도 하면서 열심히 배우면서 하루하루를 보내었다. 당시에는 근무시간에 대한 통제가 체계적이지 않아 잔업을 하루 4시간은 기본이고 수시로 밤샘 작업을 하였다. 수출 납기가 정해지면 무조건 맞추어야 하는데 문제가 있어 납기에 어려움이 있으면 밤을 새워서 납기를 맞추는 것이 생활화되어 있었다. 입사 초기에는 회사 앞에서 입사 동기들과 함께 자취를 하던 시기로 집이 서울인데도 한 달 넘게 집에 못 가본 적도 있었다.

　입사 후 한 달이 지나 많지는 않지만 내 인생 처음으로 내 손으로 일해서 받는 첫 월급을 받았다. 많은 금액은 아니었지만 그 동안 노력하며 받은 월급이라 감격스러웠다. 첫 월급을 받으면 어머니

내의를 사드리는 게 당시의 풍습이라 오래간만에 주말에 서울 집에 갈 때 잘 포장해서 어머니께 드리고 그때 대견해 하시는 모습이 지금도 기억에 남아 있다.

　처음 입사 후 첫 업무는 학교에서 배운 전자지식을 바탕으로 카세트 제품에 대한 수리를 먼저 시작하였다. 수리에 필요한 회로도 보는 법, 저항 읽는 법 등 아주 기초인 것과 라인 구조는 어떻게 되어 있는지, 제품은 어떻게 만들어지는지 등 제품이 어떻게 개발되고 완제품으로 탄생하는지 사수로부터 철저한 교육도 받고 혼나기도 하면서 스스로 배우고 익히며 이렇게 실습생의 시간은 지나가고 있었다. 이와 함께 회사 생활의 주의할 점, 내가 해야 할 일과 함께 정말 정신없는 하루하루가 지나가고 있었다. 어느 날 부서장께서 나와 함께 입사한 동기들을 모두 모이게 하시면서 폭탄을 던지셨다. 너희들 정식사원이 되기 위해서는 1월 신규입사 예정자들과 함께 입사 시험을 보아야 하니 열심히 준비하라는 전달을 하셨다. 실습생이라도 특혜는 없으니 적극적으로 잘 준비해야 한다고 하셨다. 이건 또 무슨 날벼락! 입사 후 책이 손에서 떠난 지 어언 4개월인데 어쩌나! 모두 멘붕이었다. 그래도 회사에 기여한 게 있고 선배들이 지도하면서 가르쳐 준 게 있는데 불합격이야 되겠어? 하는 위로의 말을 하면서 서로 고민만 하고 있었다. 시험 당일 식당에

시험을 보기 위해 모인 인원이 식당을 꽉 메웠다(참고로 회사 식당은 무지하게 넓음). 이렇게 많은 인원이 시험을 보나? 내가 탈락할 수도 있다는 불안감이 생겼다. 그렇지만 그동안 회사 생활을 하면서 배우고 익힌 것을 잘 표현하면 문제는 없겠지. 시험 문제를 보니 전문지식, 회사 생활, 회사 관련 상식 등 다행히 그동안 선배들에게 잘 배우고 익힌 것이 출제되어 큰 어려움 없이 나와 함께 입사한 동기들 모두 정식사원으로 채용되었다.

처음 실습생으로 입사할 때 사원번호가 79××××××로 회사 생활을 시작하였으며 채용시험을 통과하고 정식사원으로 발령을 받고 나서 80××××××으로 사원번호를 다시 부여받았다. 이 사원번호로 40여 년을 사용하였고 그래서 나는 사원번호가 두 개가 되었다.

그 넓은 사회에 홀로 다가가다

인생 뭐 있어!
한번 해보는 거야~

고등학교 졸업 후 회사에 입사하고 보니 내 나이가 겨우 만 18세, 지금 우리 자식들을 생각하면 많이 어린 나이에 산업현장으로 나온 것 같다.

당시 가정 형편이 어려워 대학진학은 아예 생각도 못 하고 일찍이 산업현장으로 진출하리라 생각하고 학교생활을 하였다(참고로 대학을 갈 수 있는 실력은 충분히 될 것으로 생각되는데…. 학과에서 전교 10등 안에는 드는데).

아무튼 대학진학 포기에 대한 아쉬움은 있지만 지금부터 새로운 시작을 통해 나 스스로 열심히 살아보리란 생각으로 「낭랑 18세」 (명랑하고 밝은 18세란 의미로) 노래의 소쩍새 울면 풍년이 온다는 노랫말을 부르며 즐거운 생각으로 사회생활을 시작하였다.

「낭랑 18세」 노랫말 속에 풍년을 내 인생의 풍년으로 바꾸기 위해 무엇을 해야 하고 어떻게 해야 할지 정말 시작부터 고민이 많이 되었다. 처음 회사 생활에 배울 것도 많았고 선배들의 늘어나는 지적사항에 무엇을 어디부터 해결해야 할지 혼란스러운 시작이었다. 그래도 요즘 말로 인생 뭐 있어! 한번 해보는 거야~ 라는 심정으로 하루하루 적응하고 배워 나갔다.

대학에서 지낼 4년의 생활을 나는 현장에서 4년으로 만회하고 더욱 발전된 나를 만들기로 마음먹고 열심히 회사 생활을 하였다. 어차피 이리된 거 이 회사에 뼈를 묻으리라는 절박한 생각으로 일과 생활에 대한 불만과 힘들다는 생각보다는 나의 발전에 거름이 되리라는 긍정적인 생각으로 모든 일을 솔선수범하며 적극적으로 하였다. 수리를 하면서 라인에서 발생하는 궂은일, 바쁜 일에 먼저 다가간다는 마음가짐으로 모든 일을 처리하였다. 현장에서 처리해야 할 일이 많아지면(수리제품, 생산 등) 불만과 불평보다는 꼭 해결해야겠다는 생각으로 야근은 기본이고 필요하면 철야도 하였다. 처음 입사해서는 제품 해체도 힘들어하고 문제를 파악하는 것도 어려워 사수에게 많이 혼나기도 하였으나 시간이 조금 흐른 후에는 제법 문제를 찾아내서 조치할 수 있는 상태까지 발전하였다.

지금 생각해 보면 어린 나이에 시작이 쉽지 않았고 모든 현상이 이해하기 어려운 사회 초년생이었지만 잘 버티고 여기까지 와준 내가 대견스럽기도 하고 자랑스럽기도 한 것을 스스로 느낄 때가 가 있다. 이런 결과의 바탕에는 '안 되면 되게 하자!'는 적극적인 생각으로 모든 일에 나만의 색깔을 입히고 동료와 상사와 조직에 헌신하는 자세로 임하였기에 삼성전자에서 정년을 맞이할 수 있었다고 생각한다.

지금의 환경과 사회 분위기는 많이 변화하였고 과학의 발전으로 이 얘기는 꼰대일 수 있지만 그래도 한 가지 얘기한다면 인생의 목표는 명확히 하고 어떻게 할지를 결정하고 추진하는 것도 한 가지 방법일 것이라 생각한다.

사회생활에서 첫 번째 변화

어느 날 부서장께서 찾는다고 조장이 전달해 주었다. 무슨 일로 찾으시는지 물어보니 잘 모르겠다고 가보셔야 할 거 같다고 한다. 내가 무슨 잘못을 했나? 잔뜩 긴장한 상태로 사무실로 출발하였다. 사무실에 도착하니 책상 위에 제품이 여러 개 놓여 있었다. 이것이 무엇이냐고 물으니 외관불량이라고 말씀하시면서 상태를 확인해 보라고 하셨다. 나는 제품 하나하나 어떤 불량인지 자세히 살펴보고 나서 그런데 이걸 왜 나에게 얘기하시는 거지? 내가 불량 수리를 잘못했다는 것인가? 라고 생각하며 그냥 보고만 있었다. 부서장께서 이내 말씀하시길 지금부터 현장에 가서 이 불량이 왜 발생을 했고 어떤 문제가 있는지 찾아보고 분석해서 보고하라는 지시를 하셨다. 나는 좀 당황하였다. 나의 역할이 전혀 아닌 것은 아니지만 그래도 내 위에 관리자가 계신데 왜 나에게 지시를 하시는지 알 수가 없었다.

문제의 제품을 가지고 현장으로 돌아와 자리에서 다시 한번 찬찬히 살펴보았다. 문제는 제품이 어디엔가 부딪쳐서 흠집이 생기는 현상으로 제품을 취급하거나 이동할 때 불량을 만드는 것이었다. 당시의 제품 캐비닛은 사출물에 스프레이 도장을 하는 것이 대부분으로 외부의 조그마한 충격을 받으면 흠집이 발생하였다. 제품에 충격을 받을 수 있는 곳은 수리대와 이동 및 취급 중 작업 컨베이어에 부딪히는 현상일 것으로 보였다. 그래서 우선 내가 사용하던 수리대에 문제가 없는지 상태를 확인하고 부품 투입부터 완제품 포장까지 공정을 순서대로 확인하면서 문제를 분석하였다. 불량이 발생할 수 있는 가능성이 높은 것은 라인에서 제품을 눕혀서 작업을 하는데 작업대 바닥에 이물질이 있으면 흠집이 발생하는 것으로 보였다. 해서 작업 시 이물질이 있어도 제품에 영향이 가지 않도록 벌집깔판을 구해 깔고서 작업을 하니 불량이 많이 감소하였다. 이 결과를 가지고 부서장에게 발생원인과 긴급 조치 내용을 보고하였더니 이제 수리 말고 관리를 해도 되겠네, 하고 말씀하셨다. 칭찬인지 헷갈렸지만 후에 알고 보니 미리 시험을 한 것이었다. 라인에 문제가 발생되면 어떻게 분석을 하고 조치를 하는지 간단한 사례를 가지고 나에 대해 검증을 하신 것으로 후에 알게 되었다.

입사 2년째 되던 그해 하반기 외관불량에 대한 개선 검증을 받을 시기에 반장님이 다른 곳으로 이동하게 되어 새로운 반장 보직이 필요했는데 나에게 이것을 시험하신 것이었다. 아니 무슨? 입사 2년이 안 된 시기로 말도 안 되는 얘기였다.

당시 반장은 모두 경력이 많고 나보다 나이도 많은 분들이었다. 하지만 부서장께서는 그동안 나의 불량처리, 피드백, 라인에서 일어나는 일들에 대한 참여도 등을 눈여겨보시고 가능하다고 판단하셨는지 반장(보)으로 업무를 하도록 지시하셨다. 하지만 나는 기쁨 보다는 두려움, 걱정이 먼저 되었다. 이렇게 해서 나만 잘하면 되는 것이 아니라 모두가 잘되고 잘하게 해야 하는 또 다른 새로운 업무를 시작하게 되었다.

현장은 개선이 중요

왜 컨베이어가
두 개이어야 하지?

제조에서 가장 중요한 것은 품질과 납기준수이다. 88서울올림픽의 성공적 개최 이후 사회 모든 분야에서 한 단계 업그레이드하기 위해 혁신 활동이 활발히 확대되던 시기로 제조의 모든 분야도 변화가 필요했고 특히 생산성향상과 품질을 혁신하기 위한 활동은 매우 활발히 전개되고 있었다.

생산성과 품질을 혁신하기 위하여 생산은 두 배로, 작업은 쉽고 편하게, 불량은 반으로 줄이자는 목표를 가지고 공정을 개선하고 있었다. 당시 생산은 외주화가 점진적으로 확대되고 있던 시기였다. 제품의 구성 요소별 외주화와 함께 완제품에 대해서도 외주화가 한창 진행되었다. 제조라인의 구성도 제품으로 구분하여 한 라인에 한 제품씩 생산하는 구조를 가지고 있어 생산의 유연성이 부족한 상태였다. 제품 구조가 바뀌어 생산을 하려 하면 라인 구조를 변경해야 하는 로스가 발생되었다. 특히 생산제품 중에 컴포넌트 스테레오 제품인 경우 앰프와 튜너가 나누어서 두 개의 제품이 하나로 조합되어 판매하는 제품이었다. 생산 시 라인의 변경을 최소화하여 효율을 높이기 위해 각각 다른 라인에서 생산하여 마지막에 두 제품을 하나로 포장하는 구조로 생산되고 있었다. 이렇게 생산하다 보니 각각 라인의 문제가 발생한다든지, 생산효율이 낮아진다든지 이상이 발생하면 다른 한 제품은 문제가 해결될 때까지 재고로 보관하고 있어야 했다. 이런 문제점을 개선하기 위하여 관련 인원들과 함께 대책을 논의하고 한 라인에서 두 개의 제품을 동시에 생산할 수 없을까 고민을 하고 대안을 협의한 끝에 복합라인을 만들기로 하고 개조를 시작하였다. 이 시기에 생산부장께서 혁신팀을 별도로 운영하자고 하셔서 팀을 만들고 개선을 시작하였다. 복합라인을 구축한 이후 생산 계획 수립이 쉬워지고 출하 관리도 한결 편해지면서 생산성도 두 배로 개선되었다.

이와 함께 작업의 편리성, 균일 작업을 위해 간단한 간이자동화를 만들고 적용하였다. 간이자동화는 저렴한 가격에 현장에서 직접 만들어 적용하는 간단한 형태의 자동화로 대상 항목을 선정하고 제작하여 적용하였다. 아크릴, 실린더, 센서 등 저렴한 부품을 구매하여 공정에서 편리하게 작업할 수 있는 다용도 지그 등을 만들어 사용하였다. 이러한 활동을 통해 생산성이 향상되고 품질을 균일하게 제품을 만들 수 있어 불량률을 개선하는 효과가 있었고 무엇보다 작업자들의 피로도가 감소하였다는 의견을 듣고 더 많은 아이디어를 발굴해서 적용할 수 있도록 하는 것이 중요하였고 지속적으로 개선 활동을 추진하였다.

새로운 생산시스템 적응기

현장의 소소한 개선이 많은 도움도 되었지만 재미도 있었다.

1990년대 초 대기업을 중심으로 도요타 생산방식(TPS), JIT(Just In Time) 등 일본의 생산시스템을 경영혁신의 일환으로 도입하고 있었다. 이를 배우기 위해 일본으로 연수를 떠나고 길게는 몇 달씩 일본 현장에서 실습과 체험을 하면서 연수를 하기도 하였다.

나는 짧은 연수 프로그램에 참여하게 되었고 도요타, 닛산 공장 등을 방문하여 벤치마킹하고 이들이 생산시스템으로 운영하고 있는 JIT(Just In Time) 등 운영 실태를 보고 체험하면서 우리 라인에 어떻게 적용할 것인지를 배우는 계기가 되었다.

그들의 생산 현장은 정말 정이라고는 찾아볼 수 없을 만큼 기계적이고 체계적으로 운영되고 있었으며 모든 부품, 보관 물품 등에는 식별표가 명확히 부착되어 있고 구역 표시도 정확히 되어 있어 눈으로 보는 관리가 참 잘되고 있다는 생각이 들었다. 우리 현장하고 많은 차이가 있다고 생각되었다.

벤치마킹을 해야 하는 항목을 리스트하고 현장에서 보고 숙소로 돌아와 정리를 하면서 부족한 것은 다음 회사 벤치마킹 시 보완해서 정리하기를 반복하였다. 3정5S, JIT의 간판시스템, 간이자동화 사례 등을 유심히 관찰하면서 숙지하였다. 현장에서 메모를 할 수 없어 같이 방문한 동료들과 영역을 나누어 분석하고 정리하여 연수를 마치고 돌아왔다.

도요타생산시스템, 즉 TPS(Toyota Production System)는 철저하게 낭비를 제거하고 적기생산 방식인 JIT 시스템과 자동화를 기본사상으로 하여 정리정돈의 기본인 3정5S를 생활화하여 추진하는 생산시스템으로서 그동안의 개선 활동을 좀 더 체계적으로 추진할 수 있는 혁신시스템이었다.

JIT는 적기생산시스템으로 필요한 부품을 필요한 시간에 필요한 양만큼을 공급해서 낭비를 근원적으로 제거하는 시스템으로 재고를 최소화하는 것이다. 우리 라인은 생산 LOT 단위로 부품을 공급받아 재고를 보유하고 생산하는 시스템을 운영하고 있는 시점에서 적용에 많은 고민이 필요하였다.

생산계획, 협력업체 생산, 납품일정 등 모든 부문에서 계획적으로 수행이 되어야 완전히 가동할 수 있는 시스템으로 현재의 체계에서 좀 더 많은 혁신이 필요하였다.

TPS(and JIT) 시스템이 전사적으로 추진되고 있는 상황에서 우리 공정에서도 이를 적용하기 위한 노력을 추진하였다. 당시 여러 생산방식이 있었지만 우리 라인은 소LOT 다품종 품목으로 기종 변경이 많이 발생하는 라인이었다.

이러한 생산체계에 대응하기 위하여 KIT 생산방식을 도입하여 운영하기로 하였다. JIT 시스템으로 공급 받은 부품을 KIT 방식으로 라인에 투입하는 방법이다. 이 생산방식은 부품을 작업자별로 배치하여 사용하던 것을 1대 생산에 필요한 부품을 컨베어팔레트 위에 KIT 형태로 투입하여 작업자가 필요한 부품으로 작업을 하고 생산하는 방식으로 공정 내에 부품 재고를 없애고 보관에 따른 낭비를 제거하는 목적으로 운영되었다.

KIT 생산방식을 운영하면서 부품이 누락되거나 오류가 발생되는 것을 예방할 수 있었고 공정 내 재고도 제로화할 수 있어 작업환경도 개선되었다.

불편함은 덜고, 일은 편하게~

   TPS(Toyota Production System) 도입과 JIT 생산을 위한 개선 활동과 함께 공정의 불필요, 불합리, 불편함을 개선하기 위한 활동도 동시에 진행하였다.

   가장 먼저 진행한 것은 생산품질의 기본인 3정5S의 정착화였다. 그동안 정리정돈에 많은 시간과 투자를 통해 개선하였으나 아직도 해야 할 것이 많이 남아 있었다. 우선 낭비 개선을 위하여 공정 내 부품 재고와 사용하지 않은 치공구류 등을 모두 회수하여 필요 없는 것은 폐기하고 남은 것은 3정을 통해 재정리를 하였다. 정량, 정품, 정위치를 하여 누구라도 어디에 무엇이 얼마나 있는지 알 수 있도록 정리정돈을 하였다.

   3정5S는 품질과 생산관리의 기본적으로 일본에서 출발하여 TPS

와 연계되어 추진하는 개선 활동 중 하나였다. 3정5S가 정착되지 않으면 JIT 생산을 할 수가 없다.

3정5S는 조금만 방심하면 다시 옛날로 돌아가는 악순환이 되풀이되는 개선 활동으로 관리자의 관심과 표준화가 중요하였다. 해서 매일매일 해야 할 일을 체크리스트로 만들고 시간별로 점검하여 습관화가 되도록 점검하고 지적하고 개선하도록 하여 지속적으로 추진할 수 있는 기반을 만들었다. 현장 인원이 지키지 않으면 안 된다는 생각이 들 정도로 집요하게 체크리스트에 의해 점검하고 개선 조치하였다.

개선 활동을 추진하면서 한번 개선하면 지속적으로 유지되면서 작업자의 불편함을 최소화하고 균일 품질을 만들 수 있도록 표준작업을 할 수 있는 방법은 없는지 개선담당자와 협의를 진행하였다. 모든 개선 결과가 지속적으로 유지, 관리되고 작업자의 불필요한 이동이나 작업 피로도 감소 등을 위해 해야 할 일과 방법은 없는지를 주기적으로 토의하고 개선 항목을 정리해서 공유하였다. 가장 좋은 방법은 자동화이지만 도입하기 위해서는 투자금액이 많이 들고 검토할 시간도 필요로 하는 것이라 제작이 간편하고 비용이 저렴한 간이자동화를 통해 개선하는 것으로 의견을 모았다. 간이자동화는 실린더, 아크릴, 센서, 파이프 등 간단한 재료를 가지고 현장에서 자체적으로 만들어서 사용할 수 있는 것으로 작업자의 의견을 수렴하여 적극적으로 적용하기로 하였다. 예를 들면, KIT 생산라인으로 개선 이후 포장공정의 경우 부피가 크고 공정 내에서 작업자가 잡고 이동하기가 어려운 부품인 큐션의 공급을 작업자의 이동을 최소화하고 편리하게 작업하도록 만들어 주는 것이 중요하였다. 부피도 크고 KIT 공급 지그에 포함할 수 없어 별도로 공급하는 장치가 필요하였는데 이를 개선하기 위하여 자동으로 큐션 공급을 업다운시켜 주는 간이자동화를 설치하여 운영하였고 적용 결과 작업자의 피로도는 물론 부품 공급 효율도 개선되는 효과를 가져왔다. 또한 검사 시에 PCB 부품 중 일부의 불량을 찾아내기 위하여 테스터기를 이용하여 양손으로 잡고 검사하여 시간이 많이 소요되고 효율이 낮은 것을 두 단자를 한손으로 한 번에 검사할 수 있는 지그를 제작하여 설치하여 검출력 및 효율을 개선하였다. 또한 제품을 구매할 때 보면 외관에 라벨류 등이 많이 부착되어 있는데 부착 시 부주의 등으로 라벨이 삐뚤어져 있으면 품질이 떨어지고 싸구려 제품처럼 느껴지는 경우가 많이 있다. 이러한 작업을 균일하게 부착할 수 있도록 부착 지그를 제작하여 균일 품질을 유지하고 표준작업을 할 수 있도록 개선 활동을 하였다. 이외에도 많은 부문의 아이디어를 발굴하고 개선하기를 반복하였다. 그 결과 작업에 대한 편리성 등이 개선되고 작업자의 피로도가 감소하는 등 효과가 나오기 시작하였다.

이후 협력사, 중소기업을 지도하면서 당시에 배우고 익혔던 현장 관리 및 개선 활동 사례들은 나의 컨설팅 활동에 많은 도움이 되었고 지금도 그때 경험한 내용을 잘 활용하고 있다.

3정5S 추진 체계도

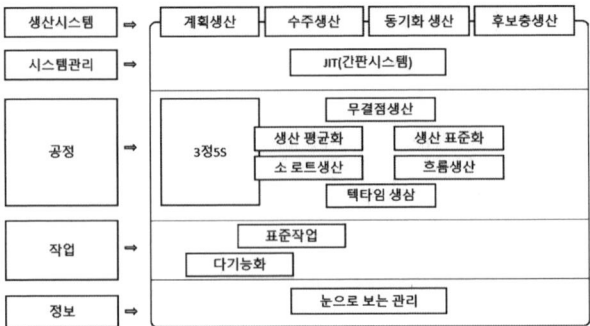

TPS 추진 체계도

사내에서 사외로
영역을 확대하다

80년대 중반 이후 반제품 및 완제품에 대한 외주화가 점진적으로 확대되는 시기였다. 처음에는 PCB 어셈블리 외주화가 진행되었고 후에는 간단한 완제품에 대해 임가공 외주화로 확대되었다. 완제품 임가공 외주화는 부품은 본사에서 제공하고 조립 및 검사는 외주업체에서 완성하는 식으로 진행되었다. 이러한 외주화를 관리하기 위하여 생산부에 외주생산과를 두고 자재의 입출고부터 완제품 생산 및 출하까지 관리하였다.

생산과에 입사 후 현장 관리자로 7년 정도 지난 시점에 나는 좀 더 발전된 모습을 위하여 새로운 변화에 도전하고 싶은 생각이 들었다. 마침 외주화가 활발히 추진되고 있던 시기에 완제품 임가공을 관리할 인력이 필요하다고 하여 자진해서 손들고 요청하였다. 내부 생산프로세스에 대한 이해를 바탕으로 임가공업체에 접목하여 사내와 동일한 품질과 생산성을 갖출 수 있도록 지도하고 싶은 생각이 들었다. 한편으로는 나에 대한 실력을 검증하여 부족한 부분을 찾아내고 다시 한번 발전하기 위한 기회를 갖고자 하였다. 한 업무에 많은 기간을 보내다 보니 발전과 적극성이 둔화된 느낌이었다.

생산부장께서 검토하신 후 완제품 임가공은 이제 활성화 단계이니 그동안 경험을 바탕으로 업체를 잘 지도해서 본사와 같은 수준으로 관리될 수 있도록 하라고 이동을 승인해 주셨다. 나와 같이 일하던 인원들에게 작별(? 바로 옆 사무실이라 작별은 좀~) 인사를 하고 다음 날부터 외주생산과로 출근하였다. 외주 업무는 현장이 사외에 있고 생산자재는 본사에서 구매 후 반출하여 제공해 주는 업무로 구분할 수 있다. 생산자재의 공급은 이미 잘 운영되고 있었으므로 나는 완제품을 생산하는 협력사 현장에 방문하여 생산성과 품질을 점검하고 개선하는 일을 먼저 하기로 하였다.

공정의 편성, 작업지도서 운영, 검사공정 및 검사능력 등에 대해 본사와 비교하여 점검하고 개선하는 일을 하였다. 작업자부터 모든 부분이 본사하고는 많은 차이가 있었다. 예를 들어 현장 작업자는 나이 드신 분들이 계신데 작업지도서는 깨알 글씨에 보기도 어려운 수준이며 작업 도구도 부족한 상태였다. 이를 개선하기 위하여 대표와 함께 현장 관리자들과 협의를 하고 작업지도서부터 현실에 맞게 누구나 잘 볼 수 있도록 그림과 글씨를 확대해서 만들어 게시하고 조립 시 필요한 지그도 분석하여 개선해 적용하였다.

완제품에 대한 외주화를 위해서는 준비부터 생산출하까지 단계별로 해야 할 일에 대해 체크리스트를 만들고 점검하여 운영하고 필요한 것은 사전에 관계부서에 요청을 하여 문제가 없도록 절차를 수립하는 일도 병행하였다.

작업지도서는 언제 배포하고 교육을 하는지, 모델이 변경될 경우 해야 할 일이 무엇인지, 생산 자재는 언제 공급하고 점검해서 문제가 발생되지 않도록 해야 하는지 등에 대한 전반적인 업무에 대해 점검하도록 하여 실수를 줄이고 문제를 예방할 수 있도록 하였다.

완제품 임가공업체에서 생산된 제품은 품질검사원이 업체에 방문하여 검사하고 합부판정을 하여 출하할 수 있었다. 불합격이 발생되면 컨테이너가 회사에 적재되어 있어 공간 부족, 사용료 증가 등 많은 문제가 있었으나 개선 활동 이후 불합격 횟수는 많이 감소하였다. 모든 환경이 갖추어져 있는 사내라인에서의 관리와 개선보다 환경이 열악한 외주업체의 개선은 쉽지는 않았지만 무엇을 해야 하는지, 어떻게 해야 하는지에 대한 많은 경험과 실력을 쌓을 수 있는 좋은 기회였다. 이후 나는 3년의 외주생산과 생활을 뒤로 하고 다시 사내 현장 관리자로 복귀하였다.

다시 돌아온 고향

　외주 완제품 관리업무에 대해 한 3년 정도 경험하고 나서 다시 현장 관리자로 복귀하였다. 복귀를 하면서 좀 고난이도의 제품을 담당하게 되었다.

　당시 오디오 제품의 트렌드를 반영하여 새로운 제품들을 개발하고 생산하기 시작한 시기였다. 나는 그중 난이도가 좀 있다는 카스테레오를 생산 담당하였다. 하~ 외주완제품 담당에서 복귀와 동시에 어려운 제품을 담당하게 돼서 좀 긴장도 하고 걱정도 되었다.

　카스테레오 제품은 일반 제품과 달리 충격과 진동, 온도 등에 더욱 강해야 한다는 것이 중요하였다. 차량의 내부 온도가 한여름에는 80℃가 넘는 수준이었고 도로의 포장 상태에 따라 제품에 가해지는 충격은 상상을 초월할 정도였다. 카스테레오는 이러한 외부

환경에 만족을 하여야 하였기에 기존 일반 제품하고는 검사 방식 등 새로운 개념 도입이 필요하였다.

또한 조그마한 스페이스에 많은 기능을 담아야 해서 PCB 어셈블리생산이 쉽지는 않았다. 다른 제품 대비 불량이 좀 더 발생되기도 하였다.

생산된 제품은 전량 외국으로 수출되어지고 지금 들어도 알만한 바이어에 납품이 되었다. 당시에는 제품을 수출하기 위해서는 바이어측에서 직접 방문하여 검사를 하고 합격을 해야 제품을 가져가는 시대로(지금도 바이어 검사가 있지만~) 매 로트 생산을 해서 사내 출하검사 합격 후 바이어 검사에서 합격을 해야 컨테이너에 실을 수가 있었다. 그러다 보니 공정에서 모든 불량을 검출해 내야 하는 것이었다. 물론 다른 제품도 당연하지만~

그러나 카스테레오 제품의 품질 완성도 특징은 신뢰성이라고 해도 될 것이다. 진동, 충격 등에 불량이 발생되지 않아야 하기에 단순한 공정 검사만으로는 검출해 내기 어려운 실정이었다. 해서 진동과 충격을 통한 검사와 향후 신뢰성을 만족할 수 있는 공정생산과 검사 방식을 도입해서 생산을 하기도 하였다(여러 가지가 있으나 여기서 얘기하기는 적절하지 않은 것 같아 두루뭉술하게 표현함).

초기에는 잔업과 야근을 밥 먹듯이 하며 불량에 대한 원인분석과 로트마무리 등을 하면서 품질과 생산성이 점차 향상되었다. 또 다른 경험과 능력을 쌓는 나에 대한 또 하나의 장면이 만들어지고 있었다.

이후, 전사적으로 품질의 중요성이 대두되면서 새로운 품질시스템 도입을 위한 준비와 적용, 국제인증이 필요하였고 이를 대응하기 위하여 사업부 내 부문별 대표 주자를 선정하여 T/F를 구성하였다. 개발, 구매, 기술, 생산, 품질 분야에 대표 인력이 참여하기로 하였다. 여기에 생산 대표로 내가 참여하기로 결정되었는데 왜 또 나일까?

품질! 나의 생각을 바꾸다

1990년 초에는 한국의 품질 분야에 큰 변곡점이 하나 발생했다. 이전까지는 국가별 조금씩 다른 품질경영 제도를 운영하였으나 1987년 영국의 표준을 바탕으로 ISO 9000 국제품질경영시스템 인증 규격이 제정되어 공포되고 인증을 시작하였다. 우리 회사도 1990년부터 회사별, 사업부별로 T/F를 만들고 인증을 준비하였다. ISO 9000이 우리나라에 처음 도입되었을 때 한국의 인증기관은 거의 없고 영국 BSI 등 외국계 인증기관이 중심이었다.

우리 사업부도 다른 사업부와 함께 ISO 9000 인증을 준비하였고 부서별로 대표 인력을 차출하여 T/F팀을 만들었다. 나는 생산 대표로 T/F팀에 합류하였고 T/F 구성은 품질, 개발, 기술, 생산, 구매

부서 중심으로 구성되었다.

ISO 9000이라는 처음 접해보는 시스템 규격은 무슨 헌법 조문 같았다. 해야 할 것과 하지 말아야 하는 것이 꼭 교통법규를 만들고 지켜야 하는 것과 같은 구조였다. 처음의 규격은 영문으로 되어 있어 한글로 번역을 하고 의미를 이해하고 이에 맞는 대안을 수립하는 것에 많은 어려움이 있었다.

T/F에서 내용을 이해하고 전체적인 추진계획을 수립하여 해당 부서에 인증을 준비할 수 있도록 설명하고 실행 결과를 점검하는 것이 역할인데 나부터 이해가 어려웠으니 전달이 제대로 되겠는가 하는 생각이 들었다.

처음에는 밤을 세워가며 규격 조항 하나하나를 서로 토의하며 의견을 나누고 의미를 이해하며 해야 할 일을 정리하면서 나아갔다.

최초 도입 시 ISO 9000 규격은 문서를 만드는 것이 매우 중요하였다. 여기서 얘기하는 문서는 우선 표준(누가, 언제, 어디서, 무엇을, 어떻게, 왜 하는지를 정리한 문서)을 조항별, 부서별, 역할별 일하는 룰을 만드는 것이었다. 전사에서 제정한 회사 규칙을 가지고 하위 사업부 전체가 활용하도록 하였으나 ISO 9000 규격에서 요구하는 내용하고는 일부 차이가 있었다. 개발부터 서비스까지 전체 프로세스를 세분화하여 해야 할 일을 정하고 표준으로 다시 만드는 것이 필요하였다. 표준을 구성하는 레벨과 양식 등을 국제표준에 맞게 다시 정리하고 만들어야 하는 상황이었다. 이때 전사에서는 사업부에서 활용할 수 있도록 표준의 레벨과 작성 양식을 만들어서 공유하였다. ISO 9000에서 요구하는 문서를 표준이라 정하고 표준에는 가장 상위인 규정, 규칙, 규격 순으로 하위 레벨을 정하였고 양식은 육하원칙에 따라 룰과 프로세스를 정하고 지킬 수 있는 내용으로 만들 수 있게 구성되었다.

처음 국제규격을 접하였을 때는 지금 열심히 잘하고 있는데 바쁜 시간에 문서나 만들어야 하고 무슨 도움이 된다는 것인지 불만이 많이 있었다. 하지만 교육을 받고, 규격을 이해하고, 문서를 하나씩 만들어 가면서 왜 해야 하는지에 대한 이해와 필요성을 느끼게 되었다. 그동안 한국의 제조업에는 룰과 프로세스를 만들고 지킨다는 의식보다는 개인, 조직의 능력에 따라 많은 차이가 나는 시대였다.

T/F 활동 초기에 표준의 중요성과 준수 상태를 확인하기 위해 전사품질임원이 현장을 방문하여 작업을 하고 있는 라인을 점검하면서 이런 질문을 하였다. 지금 작업자가 와이어 정리를 오른쪽, 왼쪽 편리한 대로 작업을 하고 있는데(방향에 따른 품질과 작업에 전혀 영향이 없음) 어느 방향으로 어떻게 작업을 해야 하는 것이 정확한 방법인지 질문을 하시면서 작업지도서 내용을 비교하셨다. 내용이

없는 것은 아니지만 정확히 어느 방향으로 작업을 해야 하는지, 안 지켰을 경우 문제가 무엇인지에 대해 작업자가 이해하고 작업할 수 있도록 해주는 것이 표준이며 작업지도서라고 설명을 하시면서 모두 개선하는 것이 좋겠다고 지시하셨다. 이때 비로소 표준이 무엇이고 왜 해야 하는지를 세부적으로 이해하였고 ISO 9000에서 요구하는 사항이 어떤 것인지를 알 수가 있었다.

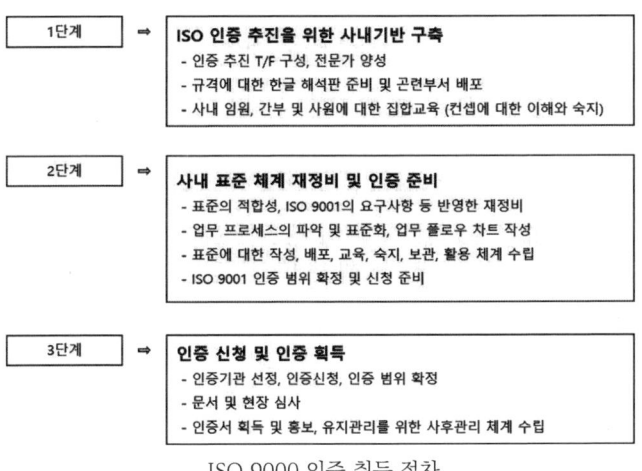

ISO 9000 인증 취득 절차

그동안 품질관리 하면 불량이 없게 만드는 것만 생각하였으나 국제규격을 공부하면서 품질관리는 검사를 통한 불량 관리가 아닌

시스템적으로 룰을 만들고 전 임직원이 지키면서 균일한 작업에 균일한 제품을 만들도록 하는 것이 품질경영이라는 것을 알게 되었다. 이러한 내용은 생산뿐만이 아니라 개발, 구매도 같은 생각으로 관리를 해야 하는 것이었다.

이때부터 철저한 생산중심의 사고에서 품질관리를 기본으로 하는 생산관리자로 변화하는 계기가 되었다.

마침 T/F 활동이 끝나고 얼마 지나지 않아 회장님의 프랑크푸르트 신경영 선언이 있었다. 그동안의 T/F 활동이 밑거름이 되어 신경영을 추진하는 데 많은 도움이 되었다.

품질은 표준화에서 시작

ISO 9000 도입을 결정하고 규격에 대한 분석과 내용 숙지를 위한 교육, 토의 등을 실시하면서 규격이 요구하는 내용이 무엇인지 조금이나마 알 수 있었다. 규격 요건을 만족하기 위해 해야 할 일의 가장 중요한 것은 품질프로세스의 정리와 프로세별 표준을 만들고 지키는 것이었다.

프로세스 분석과 표준이 없는 것은 아니었으나 국제규격에서 요구하는 요건을 만족하기 위하여 요구사항을 분석하고 그 내용을 표준에 반영하여 재정비하는 것이 필요하였다.

ISO 9000 규격 인증을 위해 만든 T/F 인원들이 모여 국제규격에서 요구하는 사항을 반영하여 분야별(개발~서비스)로 재정비해야 하는 문서를 리스트하고 각 문서별 어떤 내용으로 만들어져야 하는지 간단히 메모를 하여 정리하기 시작하였다. 나는 생산, 생산기술 분야를 기술 인원과 함께 정리하였다. 먼저 생산과 생산기술에서 하고 있는 업무를 분석하고 이에 따른 프로세스를 세부적으로 나누어 제목을 정하고 문서표준화 레벨에 맞추어 분류하고 작성되어야 할 내용을 정리하였다. 이렇게 정리하다 보니 문서 종류가 200여 건이나 되었다. 생산에서 이렇게 많은 일을 하였나? 이걸 어떻게 다 했지? 해야 하는데 안 한 건가? 실제 하는 일과 규격 요구 사항의 차이가 많아 걱정이 앞서기 시작하였다. 문서를 만드는 것도 어려웠지만 지키지 못하는 법을 또 만드는 것은 아닌지 서로 고민을 하였다. 일단 국제규격에서 요구하는 내용이니 만든 후에 수정하기로 하고 작성을 시작하였다. 내가 할 수 있는 것은 T/F에서 만들고 현업부서에 도움이 필요한 것은 도움을 받기로 하고 현업부서에 가서 담당자들에게 설명과 교육, 그리고 작성 요청을 하기로 하고 회의실로 기술담당자와 함께 이동하였다. 역시 예상대로였다.

  그동안 진행한 내용, 생산, 생산기술에서 재정비해야 하는 문서 리스트 및 내용을 설명하고 나니 우려했던 대로 불만과 어렵다는 반응이 돌아왔다. 올 것이 왔다고 생각하고 해당 내용을 다시 설명하고 설득하기를 반복하면서 협조를 받아냈다. 부서 협조를 받아

하나하나 문서를 작성하면서 초안이 완성되기 시작하였다. 문서번호를 채번하고 수정하기를 반복하면서 나중에는 문서번호만 보면 제목과 내용이 튀어나올 정도였다.

초안을 완성하고 문서 내용을 교육하기 위해 해당되는 임직원 모두를 교육장에 참석하도록 하여 교육을 시작하였다. 예를 들어 공정관리업무규칙을 설명하면서 규칙의 목적과 관련되는 표준, 주요 용어, 업무절차, 필요양식 등을 설명하고 앞으로 적용하면서 수정 사항은 수정하자고 제안하였다. 일부에서 지금도 잘하고 있는데 굳이 이렇게까지 힘들게 할 필요가 있는 것인지 의문을 제기하였으나 대부분 한번 변해보자고 격려를 해주었다. 모든 문서의 내용이 그동안 하지 않은 것이 아니고 개인의 경험에 의한 업무 추진이 많았고 이로 인한 불합리한 일들이 발생되었던 것을 예방하기 위하여 모두가 동일한 일은 동일한 방법으로 실행해서 오류를 없애고 시스템을 향상하자는 목적에 동감하면서 1차 교육을 마무리하였다.

교육 후 제기되었던 의견과 개선 사항을 정리하여 문서를 수정하고 보완하여 완성하고 출력을 하여 부서별로 배포를 하였다. 배포하면서 가장 중요한 것은 룰이 있으면 지키는 것이다 틀린 룰도 수정 전까지는 지키는 것, 그리고 룰이 없으면 일하지 말라는 No Spec No Work 슬로건을 같이 배포하면서 균일 품질, 균일 생산을 달성할 수 있도록 홍보를 하였다.

이때부터 표준화라는 것이 현장 작업자까지 전달이 되었고 지키는 문화가 더욱 발전되는 계기가 되었다.

표준화가 완료되고 ISO 9000 인증을 위한 심사가 문서와 현장 점검을 통해 실시되었고 결과는 인증이었다. 그동안 T/F 인원과 많은 어려움과 힘든 일을 슬기롭게 해결하면서 해당 부서 인력들의 도움으로 무사히 인증되었다. 인증이 끝난 후 T/F 인력은 부서로 복귀하여 규격과 표준에 대한 담당자 역할을 하기로 하고 1년여의 T/F를 마감하였다.

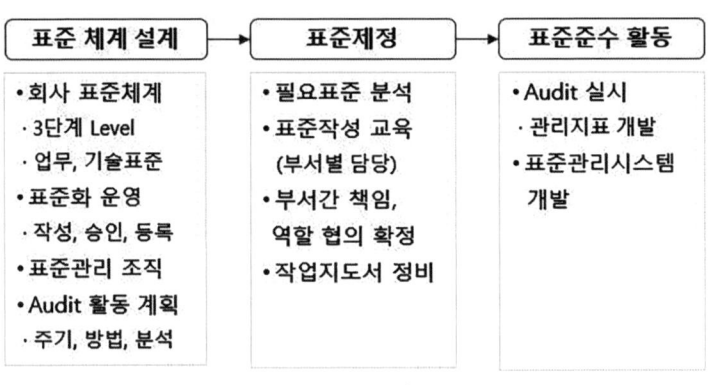

표준화 순서

이 1년 동안 품질이 무엇인지, 무엇을 해야 하는지, 품질시스템은 왜 필요한지 등 피부로 느낄 수 있는 기간이었으며 나에게는 생산중심에서 품질중심으로 사고를 전환하는 데 많은 도움이 되는 T/F였다.

전사품질관리의
일원이 되다

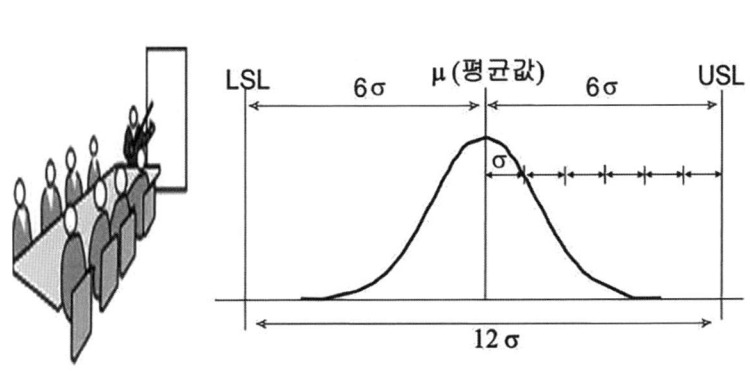

또 한 번의 변화를 맞이하다

1년의 ISO 9000 T/F 활동을 마치고 원래 있던 부서로 복귀를 하였다.

T/F 활동 기간 동안 품질 부문에 대한 역할과 룰, 프로세스 그리고 현장에서 해야 할 일을 재정립한 후 복귀한 터라 생산부장님께서 라인관리자에서 생산부 품질담당을 하면서 만들어진 품질시스템이 정착될 수 있도록 하라고 업무를 전환하여 주셨다. 그동안 생산 현장의 품질은 시방변경 내용을 검토하고 적용하고, 공정불량률을 개선하고 출하불합격이 발생되지 않도록 관리하는 것이 주 업무였으나 ISO 9000 시스템이 도입되면서 좀 더 많은 부문에서 체계적으로 품질관리를 할 수 있는 기반이 만들어지고 추진할 수 있는 체계가 만들어졌다.

입사 이후 줄 곧 수리사에서 현장 관리자로 생산중심의 업무를 진행하면서 품질이 중요하다고 인식은 하였으나 마음속에 생산보다는 조금 후순위에 있던 것 같다. 자재 품절 등 라인이 스톱되고 생산 납기를 맞추는 것이 먼저였다. 그러나 T/F 활동 이후 품질에 대한 인식을 새롭게 할 수 있는 기회가 되었으며 조직과 개인별로 무엇을 해야 하는지, 왜 해야 하는지, 어떤 방법으로 해야 하는지에 대해 이해하고 실천할 수 있는 능력이 생겼다.

현장 관리자를 하면서 품질을 등한시한 것은 아니지만 어떻게 하느냐와 언제 무엇을 하느냐에 대한 실천 의지는 사실 좀 부족한 실정이었다. 품질에 대한 깨달음과 필요성을 인식하는 계기가 되었다.

품질은 이론적으로 또 사전적으로 많은 정의가 되어 있지만 몸으로 느끼고 현장에서 실천할 수 있도록 하는 것이 중요하다고 판단되었다.

우선은 룰이 있어야 하고 이 룰을 표준문서화해서 서로 공유하고 준수하도록 하는 것에서 출발하는 것도 중요한 것이었다.

하지만 만들어진 룰이 지킬 수 없는 것이라면 아무 소용이 없지 않을까?

지금도 고민거리이고 연구 대상이라 생각되지만 조직 내 구성원이 지킬 수 있는 룰을 만드는 것이 결국은 품질관리의 성패를 좌우한다고 생각되었다.

　이상과 현실 사이의 고민이라 할까? 결론은 품질은 고객이 판단하고 결정해 준다는 생각으로 현장의 품질시스템 룰을 보완하고 개선하기 시작하였다. 고객은 최종 소비자이기도 하지만 우리의 다음 업무를 진행하는 조직도 고객이라 생각하고 개선하기 시작하였다. 한번은 공정에서 부품불량이 발생되었는데 라인수리사, 자재창고, 구매담당자가 서로 다른 원인을 얘기하며 충돌하는 모습을 보고 부품불량에 대한 원인분석부터 조치까지의 프로세스를 개선하기로 하고 양식을 만들고 부서별 역할과 단계별 업무 룰을 재정립하여 협의를 하고 배포하였다. 프로세스 적용 후 서로 책임이 전가되는 문제는 해결되었고 불량발생도 줄어들기 시작하였다. 또한 현장에서 품질관리 업무의 해야 할 항목과 내용을 체크리스트로 만들어 정기적으로 점검하고 확인할 수 있도록 하여 누락되거나 실수가 발생되지 않도록 하였다. 관리자 등 담당자는 힘들고 불편한 일이지만 불량을 예방하고 개선효과가 있으니 모두 적극적으로 참여하여 운영하게 되었다.

　시간이 좀 지나 전사 ISO 9000 T/F를 주관하였던 부서에서 연락이 왔다. 이제는 사업부가 아닌 전사에서 품질관리 업무를 같이 하자는 요청이었다. T/F 활동부터 그동안 품질업무에 대한 추진 내용을 보니 전사로 확대해서 운영하면 좋을 것 같다고 판단하였다고 한다. 부서장께서는 많은 고민을 하시고는 저를 불러 다양한 생산제품의 경험과 해외로 생산기지가 많이 이전되고 있으니 이제 전사에서 품질업무를 하는 것이 개인이나 사업부에 더 도움이 될 거 같다고 전배를 허락하셨다. 수리사로 입사해서 15년의 현장과 생산 업무를 마무리하고 품질업무로 전환하는 시점이었다.

품질의 신입사원이 되다

생산현장품질담당 업무를 인수인계하고 전사품질 조직인 품질경영본부(향후 CS센터)로 첫 출근을 하였다. 입사 후 15년 1개월 되는 날이었다.

새로운 사무실로 출근하여 보니 사무실에 인사과장님과 서무 외에는 아무도 없었다. 잘못 찾아왔나 하고 두리번거리고 있을 때 서무가 와서 새로 오시는 분이 맞는지 물어보았다. 맞다고 하니 기다리고 있었다고 회의실로 안내해 주었다. 오잉? 어떻게 알고 안내를 해주지? 좀 대접받는 기분이랄까? 암튼 묘한 기분이 들었다. 회의실에서 기다리고 있으니 인사과장님이 들어오셨다. 환영 인사와 함께 앞으로 생활하는 데 필요한 내용을 설명해 주셨다.

품질경영본부의 역사, 조직, 인원 현황, 하는 일, 기타 일반적인 생활 안내였다. 내가 사업부에서 경험했던 것과는 좀 다른 느낌을 받았고 잘 적응할 수 있을까 하는 두려움도 생기기 시작하였다. 처음 내가 느낀 인상은 생산중심의 사고에서 품질중심의 사고로 확실히 변화가 안 되면 살아남기 어렵겠다는 생각이 들었다. 어찌 보면 나에게는 기회와 함께 위기가 찾아온 것이다. 생활 안내를 다 하시고는 내가 일할 부서를 설명해 주셨다. 처음 시작은 품질오디트를 하는 부서였다. 부서 역할은 품질프로세스에 대한 준수와 문제점을 점검해서 개선하는 역할이었다. 룰이 제대로 만들어지고, 이를 조직원들이 제대로 준수하는지 등을 점검해서 개선을 요청하는 것이었다. 사업부에서 ISO 9000 T/F를 한 경험을 반영하여 결정한 것 같았다. 그러나 하~ 나의 약점인데~, 좀 불편한 표현으로는 경찰 역할이었다. 앞으로 파란만장한 생활이 될 거 같은 예감이 들었다. 생산중심 조직과 품질중심 조직의 문화 차이를 익히는 데도 시간이 필요할 거 같은데 업무까지 생소한 것이니 조금은 스트레스가 왔다. 설명을 다 듣고 난 후 인사과장님에게 근데 사무실 인원은 다 어디 가셨는지 문의를 하니 품질프로세스 운영 점검을 위해 절반은 해외공장에 절반은 사업부에 방문 중이라고 하셨다. 앞으로 내가 해야 할 일이었다.

이후 CS센터에 20년 정도를 품질업무 전반에 대해 담당하고, 작지만 관리도하고 성과도 있었다. 나열하기는 어렵지만 품질에 대한 전략, 기획업무부터 품질표준관리, 품질비용, 지표관리, 해외공장 지도, 품질평가, 품질교육 등 다양한 분야에서 경험하고 후배 양성도 하였다고 생각한다.

지금부터 품질프로세스 구성별로 내가 현장에서 경험했던 내용과 개선사례를 바탕으로 정리하고 향후 필요하다면 참고가 될 수 있게 한 가지씩 단계별로 써 내려가 보려고 한다. 경험했던 시기의 순서와 관계없이 일반적인 품질프로세스 순서로 이해하기 쉽게 나열해 보도록 하겠다.

- **경험을 통해 품질시스템을 이렇게 구성했어요~**

　유명한 학자와 품질 관련 협회, 국제기관 등에서 품질과 품질경영시스템에 대해 여러 가지 정의가 되어 있고 많이 활용되고 있다. 특히 국제표준화기구에서 품질이란 제품 또는 서비스의 고유 특성의 집합이 요구사항을 충족시키는 정도라고 정의하였는데 일반적으로 이해하기 참 어려운 해석인 거 같다.

　이러한 용어를 가지고 현장의 작업자에게 품질을 교육하고 관리를 하는 것은 쉬운 일이 아니다. 좀 더 쉬운 방법으로 현장으로 다가가기 위해 이론과 현실의 차이를 줄이고 전달하기 위해서 현장중심, 실천 가능한 품질시스템을 나름대로 정립하고 교육도 하고 실천할 필요가 생겼다.

　현장에서의 품질관리는 가장 기초적으로 정해진 기준에 따라 양품인지, 불량인지를 먼저 구별해 내는 것이 품질관리의 시작으로 생각하고 있고 다음은 불량을 줄여 나가는 사후 개선 활동이 품질관리로 보편화되어 있었다.

　하지만, 1990년대부터는 사후관리보다는 사전예방 활동이 시스템의 근간이 되기 시작하였고 시스템의 근간은 표준화와 시스템이었다. 결국 품질이란 고객이 불량 없이 만족하고 싸고 좋은 제품을 사용할 수 있도록 제공하는 것이 품질이라 정의하고 현장 관리를 하도록 하였다.

품질시스템의 기본 구성은 먼저 회사의 경영전략을 수립하고 그 안에서 품질경영은 어떻게 추진할지, 목표는 어떤 항목을 얼마만큼 달성하도록 수립할 것인지에 대한 전략과 목표를 수립하고 이를 추진하고 달성하기 위한 조직을 구성하고(이미 구성되어 있는 경우 필요하면 보완) 조직별로 어떠한 방법으로 운영해서 전략과 목표를 달성할 것인지에 대한 실천 계획을 수립하고 수립된 계획이 제대로 실행되고 있는지 모니터링, 분석, 개선하도록 하고 이러한 과정을 표준화 및 기록관리 하도록 하는 것이 품질경영시스템이라고 정의하고 현장에 반영하는 활동을 추진하였다.

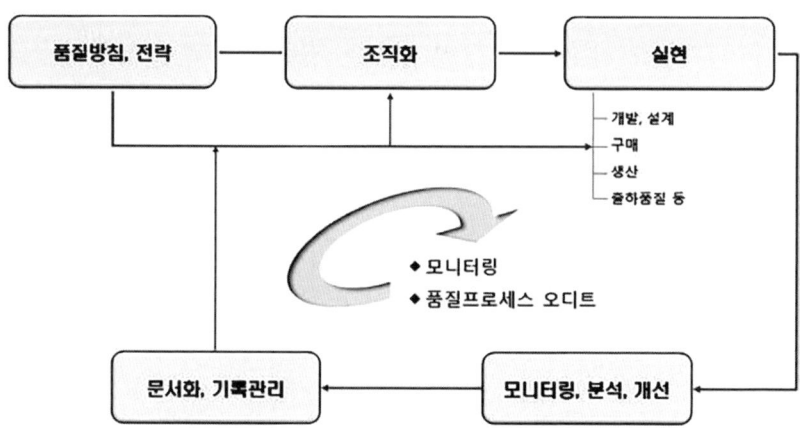

- **품질은 의식이고 경영의 기본 문화로 만드는 것이 중요**

    기업 규모와 관계없이 임직원 모두 품질이 매우 중요하다고 생각하고 품질을 최우선으로 하여 경영을 한다고 하지만 실제 그 조직의 구성원은 급한 일, 납기, 생산량을 우선적으로 챙기는 것이 일반적인 조직 문화로 보인다. 아무리 품질이 중요하다고 얘기해도 눈앞의 급한 일이 먼저이고 품질에 대한 방향과 목적 없이 중요하다고 말로만 한다면 조직원이 잘 따라오지도 않고 품질중심의 문화 형성에도 부정적이다.

    품질은 경영의 가장 기본이고 모든 경영판단의 기초가 되는 것이다. 생산하면서, 소비자에게 인도 후 발생되는 품질문제 모두 품질 관점에서 보면 사전에 방지할 수 있는 사례들이 많이 있다. 예를 들어 자동차 T사의 안전부품 관련 리콜 등을 보면 사전에 충분히 예방할 수 있는데 조직의 기능과 역할이 부족해서 발생되지는 않았는지 분석할 필요가 있다. 또한 품질문제가 발생되었을 경우 아주 소극적 즉, 고객입장으로 판단하도록 하는 문화가 중요한 것이다. 품질사고를 분석해 보면 너무 생산자 입장으로 판단해서 문제가 되는 경우가 많이 있다. 예를 들어 '이 정도는 괜찮아! 고객은 알지 못할 거야!' 등 생산중심의 사고 말이다.

품질은 조직원의 의식과 문화가 매우 중요하고 톱다운 식의 경영이 필요한 분야로 보인다. 이러한 문화를 만들고 조직원 모두 한 방향으로 행동할 수 있도록 전략과 전술이 필요한 것이다. 이를 위해 우리는 품질의식과 문화를 만들기 위하여 기본적인 방향과 조직원 모두가 마음에 새기고 발전해 나갈 수 있도록 행동 강령을 만들어 교육하고 실천해 나가도록 하였다.

 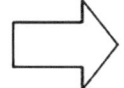

1. 고객중심
2. 기본충실
3. 프로의식
4. 명품창조
5. 고객창출

이를 위해 품질슬로건과 엠블럼을 만들고 이를 실천하기 위해 '고·기·프·명·고'라는 행동강령을 만들어 공표하고 교육하였다. 당시 전사적으로 품질 재도약을 위한 T/F가 만들어지고 개발부터 서비스까지 혁신과제들을 만들었고 그중 내가 리더인 품질운영, 교육 부문에서 품질슬로건과 품질헌장을 만들어 배포하게 되었다. 처음 만들었을 때는 국내의 수원, 광주, 구미에 있는 사업장에 출장을 다니며 임직원 교육을 하고 전파하는 활동도 하였다. 그 후 지속적인 숙지와 활용을 위하여 사원수첩에 반영해서 언제든지 볼 수 있도록 하여 품질의식과 품질 문화를 재정립하고 만들어가는 기초를 수립하였다. 행동강령 '고·기·프·명·고'는 고객중심, 기본충실, 프로의식, 명품창조, 고객창출 다섯 가지의 실천항목이다.

- **품질은 경찰관이야!**

　우리가 품질관리를 하다 보면 지켜야 하는 업무절차, 기준 등이 표준으로 만들어져 있으나 시간이 많이 걸린다, 바쁘다 등의 핑계로 지키지 않고 개인 능력에 따라 임의로 일을 하는 경우가 종종 있다. 현장 작업자, 간접 부서의 일반적인 업무 모두 동일한 현상을 보이고 있다. 이러한 것을 예방하고 지키는 문화를 만들기 위하여 품질오디트, 품질심사라는 것을 운영하고 있으며 국제표준인 ISO 9000에서도 제도적으로 룰을 만들어서 필수적으로 운영하도록 하고 있다. 내가 품질경영본부로 전배 갔을 때 제일 먼저 접한 업무이기도 하다. 일주일 중 4일은 사업부 현장에서 표준과 동일하게 일을 하고 있는지 표준은 제대로 만들어져 있는지를 비교해서 점검하고 지적하고 개선대책을 수립하고 결과를 지표로 만들어서 보고하는 일을 하였다. 처음에는 반발도 많고 서로 의견이 달라 충돌하는 일도 잦았으나 일정 기간 지나고 표준을 지켜야 한다는 문화가 형성되기 시작하면서 서로 지키려고 노력하고 잘못된 표준을 신속히 개선하려는 문화가 만들어졌다. 이때 생긴 용어가 지금 많이들 사용하고 있는 No Spec No Work로 기준이 없으면 일을 하지 말고 틀린 기준이라도 정해져 있으면 지키라는 의미이다. 그래서 속칭 경찰관이라고 부르기도 하였다.

품질경영에서 오디트는 여러 형태로 운영되고 있고 종류도 다양하게 기업의 규모와 조직 구성에 따라 최적화된 방법으로 운영할 수 있다.

ISO 9000에서도 내부심사(감사)라는 용어를 가지고 정기적으로 전 부서에 대해 정해진 항목을 가지고 실시하도록 명문화되어 있다. 또한 제조를 가지고 있는 기업의 경우 현장에서 표준작업, 균일 품질 달성을 위하여 현장의 작업자들이 룰과 프로세스를 제대로 지키는지를 확인하는 표준준수오디트 등 여러 형태로 운영될 수 있다. 내가 제일 먼저 참여한 오디트는 현장표준준수오디트였고 후에 부서별 내부심사, 사업부별 품질평가 등에도 참여하였다.

부서별로 표준을 만들고 활용하고 있는지에 대한 심사 시에는 주요 항목을 체크리스트로 만들어서 점검하고 지표를 산출하여 개선하도록 하였으며 사업부 품질평가는 정해진 체크리스트를 가지고 정기적으로 국내 사업부 및 해외공장을 현장에서 평가하고 점수화하여 개선점을 발굴하고 잘한 사업장은 시무식에서 시상을 하는 제도도 운영하였다.

품질의 기본은 룰을 준수하는 것으로 지키지 않으면 지적하고 개선 요청하는 것이 품질관리의 한 분야로 이를 우리는 경찰관 역할이라고 하였다. 그리고 잘 지키는지에 대한 개선도를 확인하기 위하여 지표를 개발하고 운영하였다.

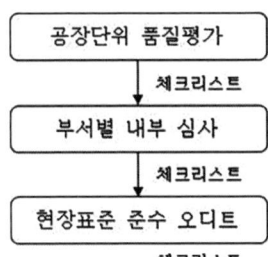

표준준수율	표준을 얼마나 잘 지키는지?
표준완전율	표준을 얼마나 잘 만들었는지?
표준정착율	표준을 준수하고 얼마나 완전한지?

- **이제는 품질관리도 분석도 Money로!**

그동안 품질 하면 불량률이 몇 %인가? 어느 공정에서 무슨 불량이 많이 나왔는가? 고객에게서 발생된 불량은 어떤 불량이 많이 나왔는가?

이는 품질관리 하면서 가장 많이 듣는 말이 아닌가 생각된다. 그래서 분석을 해서 보고할 때 "동작불량 1%, 조립불량 0.5%, 고객에게서 발생된 불량 0.01%입니다."라고 보고하면 불량률 1%, 0.5%, 0.01% 이런 수준들이 어느 정도 규모인지, 문제가 있다는 것인지, 없다는 것인지? 잘 느낌이 오지 않을 경우가 많다. 경영진도 동일한 의견이었다. 과거 품질이 불안정하고 품질관리가 되지 않았던 시대에는 불량률이 높아서 많게는 수십 %까지 발생이 되니 불량률만으로도 품질 개선도를 충분히 검증하고 문제를 해결할 수 있었으나, 품질경영 체계가 도입되고 정착되면서 불량률이 전반적으로 낮은 수준으로 개선되어 품질관리를 위한 새로운 품질경영지표가 필요하였다. 그래서 우리도 품질비용이라는 지표를 도입하기로 하고 관리를 시작하였다. 품질비용은 1,950대 후 국내외 품질학자들이 정의 및 관리방안 등을 발표하고 선진기업에서는 일부 품질비용을 관리하고 있었다. 한국에는 아직 대기업 및 중견기업을 제외하고는 품질비용을 관리하는 기업은 그리 많지 않았던 것 같다.

우리 부서에서는 품질관리를 경영실적과 연계하여 개선 활동 틀을 만들고자 품질비용 관리를 도입하기로 하였고 전사담당과 사업부 담당을 선정하고 T/F를 만들었다. 나도 전사담당자로 참여하여 품질비용 도입에 기여하였다.

품질비용을 최초 도입 시에 어려움이 많았다. 비용을 산출하려면 발생비용에 대한 집계가 우선되어야 하는데 회계자료 항목 중 대부분은 대외비 성격으로 비용산출을 위한 기초 작업이 어려웠다.

품질비용을 관리하기 위해서는 우선 품질비용 관리항목을 무엇으로 할 것인지? 항목별 비용산출 부서는 어디인지? 비용은 어떠한 방법으로 산출할 것인지? 먼저 결정을 하여야 하였다. 또한 제품군도 다양하고 사업부와 해외생산법인까지 범위가 상당히 넓어 항목을 결정하는 데도 어려움과 시간이 많이 소요되었다. 사업부, 부서 관련자들과 많은 협의와 회의를 거쳐 관리해야 할 품질비용 항목을 결정하였다. 이론에 근거하여 예방비용, 평가비용, 실패비용으로 대항목을 구분하고 각각의 항목에 맞은 세부항목들을 회계의 계정항목을 기준으로 분류하고 선정하였다. 예를 들어 예방비용은 품질교육항목, 평가비용은 공정검사항목, 실패비용은 A/S비용 등 회계자료와 현장 분석을 통하여 세분화하고 확정하였다. 비용을 산출하는 방법은 계정항목에서 가지고 온 항목은 회계비용을 그대로 사용하고, 유실 등 비용화되어 있지 않은 항목은 수작업으로 산출식을 결정하여 비용으로 만들었다.

이렇게 항목과 비용 산출 방법을 결정한 후 제품별, 사업부별로 품질비용을 산출하기 시작하였다. 초기에는 모든 항목을 수작업으로 집계하느라 거의 보름이 소요되었다. 사업부별로 산출한 비용을 모두 집계하여 전사비용으로 산출하는 데 시간이 많이 소요되었다.

품질비용은 기존에 관리되었던 품질지표와 함께 병행해서 관리지표로 운영하였으며 개선 활동도 함께 진행하였다. 품질비용을 관리하면서 어느 항목, 어느 부문에 더욱더 개선하고 관리해야 하는지가 불량률로 관리 할 때 보다는 좀 더 명확해지기 시작하였다. 예를 들어 불량률은 0.1%인데 품질비용은 1,000원 발생되었고, 불량률이 1%인데 품질비용은 100원이 발생된 경우 품질비용이 높은 항목을 우선적으로 개선하는 활동을 전개하였다.

품질비용과 불량률 간 상호 비교 분석을 통하여 개선과제를 발굴하고 개선 하도록 하여 고품질 달성 및 손실비용도 개선할 수 있는 기반이 구축되었다. 그 결과 품질도 경영에 체계적으로 기여할 수 있는 활동으로 전환되었고 경영자들의 관심과 품질관리의 중요성에 대해서 임직원 모두 다시 한번 인식할 수 있는 계기가 만들어졌다.

이러한 경험으로 지금도 품질비용 관리 방법, 사례에 대해 중소기업의 임직원을 대상으로 강의를 꾸준히 할 수 있는 기초가 되었다.

예방비용	품질계획, 품질교육, 시스템 유지 등에 소요되는 비용	
평가비용	적절한 품질수준을 유지하기 위한 품질평가를 위해 소요되는 비용 (수입검사, 공정검사 등)	
실패비용	내부실패	제품 출하전 사내에서 발생되는 손실 비용 (수리비용, 품질 유실비용등)
	외부실패	출하후에 사외에서 발생된 손실 비용 (교환, 환불비용, A/S비용 등)

• 에쿠스보다 아반떼가 품질이 더 좋다면?

1990년대 품질경영시스템에 대한 새로운 변화 이후 근본적인 의문이 조직과 품질을 관리하는 인원들 간에 제기된 것이 있었다. 제품 기능/가격 등 최상위 제품과 저가의 보편적인 제품 간에 품질관리 기준이 동일하게 해야 하는가? 하는 것이었다. 예를 들어 외관 결점 판정기준이 1밀리미터 이하의 흠집도 없을 것이라는 기준을 최상위 고가제품과 저가제품에 동일한 기준을 적용하는 것에 대한 의문이었다.

의문이 생기는 것은 당연한 것 같았다. 저가제품의 부품을 가공할 때 사용되는 기술, 소재와 고가제품용 부품을 가공할 때 사용되는 기술과 소재가 다르고 투입되는 비용도 많은 차이를 보이기에 효과적인 품질관리와 소비자 관점의 경영을 위해서는 현명한 판단이 필요하였다. 누군가 이런 질문을 하였다. '당시 최고가의 자동차였던 대형 에쿠스와 저가의 소형 아반떼가 같은 품질관리 기준을 적용하는 것이 맞는지?'에 대한 의문이었다. 자동차의 성능만으로도 엄청난 차이가 있고 안전사양에서는 비교가 안 될 정도로 차이가 있었다. 이런데 동일한 기준으로 품질관리를 한다는 것이 어려운 점이었고 또 다른 차원에서는 품질은 어떠한 경우라도 같은 동일한 수준으로 관리되어야 한다는 근본적인 사상이 있었다. 단지

고객의 대상이 다를 뿐이지 1대씩 나누어 보면 저가든 고가든 고객 1인에 100% 품질은 보장해 주어야 하는 것이다. 저가제품에서 고가제품의 품질을 고객이 요구하면 맞추어야 하는 것이 생산자의 입장인 것이다.

 고객은 가격에 관계없이 제품을 만족해야 재구매에 대한 마음을 열 것이고 고가의 제품을 구매한 고객은 그만큼 기대치가 높은 것이고 조그마한 문제도 클레임으로 발전할 수 있는 차이만 있을 뿐이다. 그래서 고가의 제품에 대한 품질수준이 초일류 경쟁력을 가질 수 있도록 개선하고 관리해서 모든 제품의 품질수준을 향상할 수 있도록 추진하기로 하였다.
 최고의 제품에 대한 품질을 고객이 만족하고 재구매율을 높인다면 회사의 이미지 향상과 품질에 대한 인식을 높일 수 있어 초일류 기업으로 가는 길에 많은 도움이 될 것으로 판단하였다.

 제품군별로 최상위 모델에 대해 프리미엄 제품이라 정하고 사업부별/제품별 최고 제품 한 개씩을 선정하여 T/F 활동을 추진하기 시작하였다. 이때가 2003년 정도 되었다 이후 T/F는 약 5년 정도 운영되었다.
 T/F는 전사, 사업부/제품별로 전 부서가 참여하는 조직으로 구

성하여 운영하기 시작하였다. 나는 전사 T/F 리더로 개선과제를 수립하고 진척도를 점검하고 부진한 항목을 분석하여 사업부 T/F 와 함께 개선을 추진하였다.

개선 활동 중에는 제품에 대한 불량을 없애는 것은 기본이고 고객이 불만족스러운 사용편리성, 설치제품의 경우 설치 품질, 서비스의 상담 능력 등을 포함한 전반적인 고객을 만족할 수 있는 품질혁신 활동으로 추진하였다.

T/F 활동이 전 사업부, 전 제품 대상으로 하다 보니 전사 T/F는 정말 정신없이 가동되었고 시간도 부족하였다. 개선내용에 대해 제품별로 주 1회 협의회를 실시하였는데 이를 위한 데이터 분석과 개선 정도를 분석하기 위해서는 밤을 새우고 야식을 먹고 집으로 향하는 일이 다반사였다. 참고로 이때는 119 캠페인이 시작하기 전이다(한 가지 술로 1차에서 9시 전 귀가).

전사 T/F에서는 각 분야별로 데이터를 분석하고 현장의견을 수렴하고 과제 진행 내용을 파악하고 정기적인 회의자료를 준비하고 발표하고 협의하는 일을 힘들고 어렵지만 모두가 밤을 새워가며 솔선수범하여 진행하였다. 조직의 끈끈함, 협조력은 타 부서가 부러워할 정도였다. 이후 T/F 멤버 모두 진급도 하고 조직장도 빠르게 되는 것을 보고 마음이 뿌듯하였다.

T/F 활동 결과는 성공적이었다. 활동 전보다는 불량률 등 많은

폭의 개선을 보였고 서비스 상담기능, 설치 품질관리 측면에서도 한 단계 업그레이드되는 기회가 되었다고 생각된다.

나 또한 이때의 경험이 이후 협력사 등 컨설팅을 하는 데 많은 도움이 되었고 당시 멤버들 또한 일하는 방법, 추진력, 조직의 관리/리딩하는 데 기초가 되고 이후 개인적 발전에도 많은 경험이 되었을 것이다.

- **공정품질관리! 사람이 계속해야 하나?**

    2000년대 들어서면서 제조공정의 품질관리 방법에 변화가 필요하였다. 그동안 작업 공정 등에 대한 자동화는 많이 도입되고 있었으나 상대적으로 검사나 불량을 판단하는 곳에서는 사람이 중심이 되어 판단이 이루어지고 있었다. 제품을 검사하고 판단하는 데 장비가 할 수 있는 부분도 있지만 많은 부분은 사람이 관습적으로 판단하는 경향도 있어 자동화하기에 어려움이 있었지만 그래도 다른 분야보다 검사공정의 자동화는 좀 지연되고 있었다. 그동안 생산부문은 TPS 등 혁신 활동을 통하여 자동화, 효율화 활동을 많이 진행하고 발전되었으나 품질 분야는 전통적 방식 중심의 관리와 보증 활동이 대부분이었다. 품질문제를 집계하고 분석하고 데이터화하고 문서를 관리하는 분야는 IoT를 이용한 시스템화 등을 통하여 선진수준으로 많은 부문이 개선되었으나 불량을 판단하는 분야는 공정설계와 연계하여 한 단계 업그레이드가 필요한 시점이었다. 이러한 변화를 위해 제조공정품질관리의 콘셉트를 팀원들과 정의하고 단계별로 혁신 활동을 추진하기로 하였다.

    제조공정에서 불량을 후공정으로 유출하지 않는다는 기본 원칙을 세우고 이를 달성하기 위한 방법을 토의하고 방향을 수립하기를 팀원들과 반복하였다. 먼저 검사공정에 대한 표준화가 필요하였다. 동일한 제품에 대해 생산라인, 생산공장에 따라 달라질 수 있는 요소를 최소화하도록 표준화하고 동일하게 검사할 수 있는 대책을 먼저 진행하였다. 표준화의 내용으로는 검사하는 항목과 방법, 불량을 판단하는 기준, 불량을 판단할 때 사용되는 도구 등에 대해 생산공장별, 라인별 동일하게 구성할 수 있도록 노력하였다. 검사에 대한 표준화는 당연히 표준으로 정리되어 운영되고 있으나 여기서 얘기한 표준화는 검사환경, 방법, 하드웨어적인 측면 등 검사플랫폼에 대한 표준화로 자동화를 하기 위한 선행 작업이었다. 자동화는 공정별로 특화되게 만들 경우 비용투자가 많이 소요되고 또 라인 간, 공장간 상호 호환성이 없을 경우 장비의 활용도에 대한 유연성도 떨어지게 되어 투자에 회의적이 될 수 있었다. 팀원 중 담당자를 선정하여 대표 제품에 대한 라인, 해외생산공장 등의 현상을 파악하고 기술팀과 협업하여 검사플랫폼을 표준화하기 시작하였다.

일반적으로 자동화하면 사람 대신 설비/장비가 대신하는 것으로 판단할 수 있으나 검사공정의 경우는 자동화와 디지털화를 병행해서 추진하기로 하였다. 디지털화는 검사를 위한 시작과 마무리 작업은 사람이 하고 검사항목별 판단은 검사장비가 자동으로 판단하는 것으로 정의하였다. 사람이 검사를 하기 위해서는 계측기에 검사대상제품을 연결하고 계측기 눈금을 읽고 이후 불량, 양품을 판단하는 과정으로 진행되는데 디지털화는 검사를 하기 위하여 제품을 계측기에 연결하고 검사가 끝나면 제거하는 것은 사람이 하고 연결된 후 제품의 기능/성능을 측정하고 판단하는 과정을 자동화한 것을 말한다. 검사의 디지털화는 생각보다 쉽지 않은 항목이 많이 있었다. 꼭 사람이 판단을 해야 한다든지, 일정 시간 에이징을 거쳐야 측정할 수 있는 검사항목은 디지털화하는 데 어려움이 있었다. 이때 사용된 방법이 대용특성을 발굴해서 해결하는 것이었다. 예를 들어 A라는 기능/성능을 검사하기 위해서는 1시간의 경과시간이 필요한데 1시간 경과 후 변화되는 항목을 찾아내어 1시간 전과 1시간 후의 차이를 분석하고 이를 판단 기준으로 활용하는 식으로 디지털 판정 항목을 발굴하고 장비를 제작하기 시작하였다.

검사 분야의 자동화, 디지털화의 기본은 검출능력을 얼마나 확보하느냐가 중요한 방향이다. 사람이 검사를 할 경우에는 휴먼에러라는 것이 있다. 아무리 집중을 하고 철저하게 검사를 한다고 하더라도 오랜 시간(하루 8시간)과 많은 수량을 같은 방법으로 검사를 반복할 경우 판단의 오류, 검사의 누락 등 에러를 할 수밖에 없다. 이러한 휴먼에러를 최소화하고 사람이 검사하는 것보다는 검출능력을 향상시킬 수 있는 검사장비가 개발되어야 하였다. 또한 검사 시간도 중요하다. 검사 시간은 생산성과 직결되는 것으로 사람보다 장비가 시간이 더 걸린다면 도입하지 않은 것보다 못할 것이다. 이러한 방향을 수립하고 팀원들과 제품 담당자와 장비개발협력업체와 많은 검토와 토의를 거치고 시작품을 만들어 검토하고 하는 과정을 여러 번 반복한 후에 드디어 시범장비를 도입할 수 있었다.

검사장비 도입 후 시범가동 하면서 많은 보완 사항이 노출되었다. 그중 가장 중요한 것이 가짜 불량이었다. 검사장비에서는 불량이라고 판단되었으나 사람이 다시 확인하면 양품이 되는 현상으로 소프트웨어와 하드웨어 결합성 등의 많은 개선점을 발굴하여 보완하고 개선하였다.

검사자동화 분야의 최종 목표는 검사의 자동화/디지털화, 검사결과 데이터의 집계 및 분석 시스템화, 검사결과 불량 제품은 자동으로 공정 밖으로 이탈시키는 것이었으며 제조시스템과 연결하여 자동으로 실행하도록 하는 것이었다. 이를 위해 검사자동화 장비의 검사결과 데이터를 집계하기 위하여 생산시스템과 연결하는 작업이 필요하였고 시스템에서는 실시간으로 집계되는 데이터를 분석할 수 있도록 프로그램을 개선하였다.

이렇게 검사공정을 자동화, 디지털화 한 결과 출하공정, 고객 등 후공정에서 불량이 발생되는 현상을 획기적으로 개선할 수 있었다.

2000년대 들어서면서 정보통신기술(ICT)과 사물인터넷(IoT) 발전 등으로 고전적인 공정품질관리 방법은 급격한 변혁기를 맞이하였고 변하지 않으면 살아남기 어려운 시기였다.

일본의 경우 과거부터 오랜 시간 자동화 등에 많은 투자와 앞선 기술력이 있었고 독일은 제조혁신첨단 전략을 2006년부터 추진하였으며 이는 2011년 발표된 스마트팩토리의 시작인 인더스트리 4.0 스마트제조혁신의 기초가 되었다. 한국도 이러한 변화에 스마트 공장 구축을 제조혁신 툴로 하여 정부 주도하게 추진하기 시작하였다.

당시 우리도 제조공정품질 혁신을 위해 1단계로 공정의 품질관리 항목을 표준화하고 언제 어디서나 동일한 품질을 만들 수 있도록 하는 것이었고 2단계로 이러한 표준화를 통해 검사자동화, 디지털화로 휴먼에러를 최소화하고 검사능력을 향상하는 것이었으며 3단계는 공정의 작업, 검사 등의 행위와 경과를 시스템으로 연결하여 관리할 수 있는 스마트공장을 추진하는 것이었다.

전통적 방식의 공정품질관리만으로는 경쟁 시대에 살아남기 어렵다는 것을 프로젝트를 추진하면서 팀원 모두와 함께 느꼈으며 미래를 위해서는 과거의 전통과 관습에 얽매이지 말고 혁신적으로 품질을 개선하는 활동이 필요하다는 것을 배우고 익힐 수 있었다.

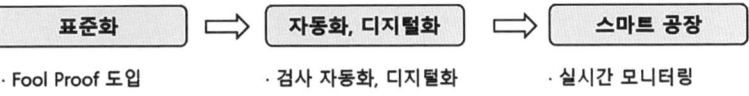

- **빛고을 광주를 제3의 고향으로~**

   2008년 하반기 전사품질혁신 T/F 활동을 마치고 제조품질관리 조직으로 복귀하여 품질혁신 T/F에서 만들었던 과제를 실행하고 있었다. 과제의 진행을 위해 정기적인 회의를 진행하였다. 회의 중 조직장께서 주요한 의견이 있으니 협의가 필요하다는 의견을 주셨다. 사업장이 전국에 3개가 있는데 각 사업장별로 리더가 상주하면서 혁신과제를 추진하고 마무리하는 것이 좋겠다는 의견이었다. 우리는 내부 협의를 통해 지역별로 대안을 수립하고 광주지역에 대해서는 현장에 상주하면서 혁신 활동을 하기로 결정하였다. 나는 당시 제조품질관리부장으로 나와 전문가 2명과 함께 광주에 상주하면서 업무를 진행하기로 하고 준비를 하였다. 광주사업장은 품질평가, 심사, 개선대책 협의 등 1박 2일 방문을 주로 하였던 사업장인데 혁신 활동을 위해 장기간 상주하면서 생활하기는 처음이었다. 졸지에 주말부부 생활이 시작되었고 끝날 때 보니 3년 여의 시간을 광주에서 보냈다. 광주지역 전문가라는 칭호(?)를 받을 만하였다.

   처음 혁신과제를 가지고 광주에 방문하였을 때 시작은 쉽지 않았다. 모두 현업 일이 바쁜데 전사에서 혁신한다고 과제를 가지고 내려와 부서와 담당자를 선정하고 귀찮게? 하니 반가울 리 없었을 것이다. 하지만 우리는 해야 할 일이 있기에 높으신 분의 영향력을 등에 업고 제품별, 부서별로 과제를 배분하고 담당자를 선정하고 일정을 수립하여 활동을 시작하였다. 처음 시작부터 과제를 확정하고 추진을 시작하기에는 쉽지 않았다. 추진해야 할 과제에 대해 세부적으로 담당자에게 설명하고 추진 방향을 수립하는 과정에서 의견 차이도 많았지만 서로 토의하고 추가 대안을 수립하는 과정을 거치며 공감대가 형성되어 같지만 최종 확정까지는 쉽지 않았다. 담당자와 협의한 내용을 해당 부서장에게 보고하는 과정에서 여러 가지 현안의 어려움을 표하면서 수정을 요구하거나 아예 취소하자는 과제도 생기기 시작하였다. 우리는 처음 계획된 과제에서 많은 변화가 발생되는 것은 추진에 어려움이 있기에 추진 목표를 다시 한번 명확히 정의하고 과제 추진의 필요성과 방법에 대해 여러 번 반복하여 설득과 수정을 거치며 확정하는 과정을 거쳐 가면서 추진에 속도를 내기 시작하였다. 혁신과제의 목표는 고객에게 불량과 불만을 제로로 하자는 큰 비전과 공정 내의 불량도 최소화하는 것을 목표로 하고 과제를 확정하기 시작하였다. 이후 혁신 활동 추진 내용에 대해서는 정기적으로 리뷰를 하고 진행 내용에 대해서도 경영층에 보고가 되고 있어 과제를 추진하는 데 더욱 세밀하고 효과 있게 활동하게 되었다.

당시 과제를 추진하던 시기에는 경영층에 변화가 있었다. 새로 부임하신 CEO께서 광주사업장의 경영 전반에 대한 한 단계 업그레이드된 개선을 요구하였고 이때 추진하던 과제와 맞물려 좀 더 수월하게 혁신과제를 추진할 수 있었다.

특히 현장을 개선하는 일에 대해서는 모두가 기본부터 다시 시작하는 자세로 추진하면서 품질혁신과제도 함께 점차 변화가 생기기 시작하였다.

제품의 특성에 맞는 현장 환경을 새롭게 정비하고 사람이 하던 검사와 판정을 자동화와 디지털화로 전환하면서 휴먼에러를 최소화하고 시간이 많이 소요되는 검사는 연구를 거듭하면서 획기적으로 단축하고 검출능력을 높이는 활동을 끊임없이 추진하였다.

현장의 경우는 먼지 없는 공장을 목표로 모든 부문에서 클린 활동을 하면서 제품의 외관품질도 함께 혁신적으로 향상되는 효과가 있었다.

공정의 경우는 후공정으로 불량을 보내지 말고 휴먼에러가 발생되었을 경우 자동으로 제품을 공정에서 이탈시킬 수 있도록 시스템을 만들자는 목표를 가지고 제조, 기술, 품질부서가 모여 아이디어를 발굴하고 추진하였다. 이를 위해서는 전산시스템에 대한 개선과 검사를 사람이 하던 것을 장비가 할 수 있도록 디지털화, 자동화하는 것이 필요하였다. 전산시스템의 경우 검사결과와 이력을 집계하여 시스템적으로 분석하고 누락제품을 판별할 수 있도록 개발을 하였다. 검사장비의 경우는 우선 시스템과 장비를 네트워크로 연결하여 자동으로 검사이력을 집계할 수 있도록 검사장비를 설계하고 개발할 수 있게 협력업체와 밤을 새워가며 토의하고 연구하며 방법을 찾아 만들기 시작하였다. 검사장비를 개발하면서 아주 어려운 난관을 맞이하였다.

일부 제품의 경우 제품의 특성상 많은 시간을 소요하면서 검사해야 하는 항목이 있었는데 그동안 생산 리드타임 관계로 몇 개의 샘플을 통해 검사하는 방법으로 운영되어 전수검사를 하지 못하는 구조였다. 이 문제를 개선하기 위하여 개발, 기술, 제조, 품질 전문가들이 모여서 대책을 수립하였다. 식스시그마에서 사용하는 대용특성이라는 것을 개발하여 장시간 소요 검사항목을 대체하기로 하고 방법과 기준을 검토하기 시작하였고 드디어 확정할 수 있었다. 이러한 검사장비의 개발을 통해 출하 검사의 방법과 검출력이 개선되고 검사 시간 또한 획기적으로 개선되면서 검사인력 운영에 새로운 긍정적인 변화가 생기기 시작하였다. 검사시스템의 개선은 전 사업부 중 제일 먼저 적용하고 효과를 보기 시작하였다.

위와 같이 계획되었던 과제를 지속적으로 추진하고 적용하면서 개선효과가 서서히 나타나기 시작하였다. 먼저 고객관점에서 불량으로 판정하는 고객불량이 획기적으로 감소하기 시작하였고 고객 불만에 의한 반품도 현저히 감소하는 것이 데이터로 증명되기 시작하였다.

전사에서 T/F 활동을 통해 수립된 과제를 실제로 현장에서 검토하고 적용하는 과정에서 처해진 위치와 현장의 환경에 따라 추진하는 방법이 달라진다는 것을 오랜 회사 생활 후에도 다시 한번 느끼게 하는 활동이었다. 이론과 현실의 적절한 조화가 효과를 극대화 하지 않을까? 그래서 현장중시 경영, 3현2원주의가 중요한 것 같다. 모든 문제의 해결점은 현장에서 현물을 보고 현실적으로 원리와 원칙에 따라 판단하고 개선하는 것이다. 과제를 추진하면서 현장과 제품을 충실히 이해하지 못했을 경우 배가 산으로 간다는 속담과 같이 효과 없는 메아리만 외치는 것일 것이다. 우리는 많은 공부와 현장 분석을 통해 발굴한 과제를 추진하였음에도 더 많은 토의와 대안 수립이 필요한 것을 보면 앞으로 추진하는 모든 일은 3현2원칙에 따라 수립할 수 있도록 노력하는 것이 중요할 것 같다.

정신없이 광주 생활을 하다 보니 어느덧 3년 여의 시간이 지나갔다. 일요일 저녁 광주로 내려와 일주일 동안 업무를 하고 토요일이 되면 귀가하는 주말부부 생활이 이제는 당연한 것으로 받아들이는 지경이었다. 수원과 광주를 오가며 봄에는 백양사 벚꽃 풍경을 멀

리서 바라보며 봄이 온 것을 알고 가을이면 내장산 단풍을 뒤로하며 또 가을이 찾아온 것을 알고 출근길에 눈에 차가 회사 앞 언덕에서 미끄러지기 시작하면 또 한 해가 가는 겨울이 온 것을 느끼기를 여러 해를 한 것 같다. 광주 생활이 마무리되어 가면서 우리 조직에도 일부 변화가 생기면서 나는 다시 수원 내 자리로 출근을 하기 시작하였다. 왠지 낯선 감도 없지 않았다. 그동안 업무는 주로 원격으로 하면서 사무실 출근은 손가락으로 꼽을 정도였으니~

광주사업장에 상주하면서 개선 활동을 한 것은 내가 회사 생활을 하면서 또 하나의 이벤트가 아닌가 생각된다. 현장과 협업해서 그동안 생각하였던 품질시스템과 제도 등에 대한 개선점도 많이 생각하게 하는 나에게는 아주 다시 없을 좋은 기회였다.

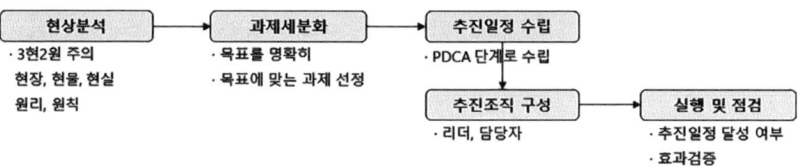

• 국내에서 해외로~

　1990년대 한국의 제조업 생산기지는 국내 중심에서 해외로 많이 확대되어 가고 있었다. 대기업뿐만이 아니라 중소기업까지 글로벌 생산기지가 확대되고 있었다. 특히, 중소기업의 경우는 대기업이 해외공장을 설립하면 연관된 부품 공급사는 따라서 해외로 함께 이전하는 사례도 많았다. 특히 지역적으로 저임금 시장이었던 중국 중심의 해외생산기지 이전이 유행처럼 일어났다.
　해외생산기지 이전을 위해서는 전 분야에서 사전에 많은 준비와 노력이 필요한 사항이다. 조그마한 준비 소홀이 향후에는 많은 문제점을 발생시키기도 하고 가동 일정을 준수하지 못하게 하는 원인이 되기도 한다.

　해외공장을 설립하기 위해서는 부지 매입부터 공장 신축, 생산설비 구축, 경영프로세스 설계 및 적용 등에 대해 해야 할 일과 방법 등 체계적인 계획 수립과 부서 간 유기적인 협업이 구체적으로 준비되어야 한다.
　해외공장 이전 초기에는 분야별로 준비하고 셋업을 진행하였다. 부지 선정부터 공장신축, 설비도입까지는 전문가들이 준비하여 체계적으로 진행되고 있으나 경영프로세스 도입, 인력 교육 등에 대한 준비는 사각지대가 많이 발생하기도 하였다. 이러한 것을 예방하기 위하여 전 분야가 참여한 T/F를 구성해서 추진하면서 세부적인 것은 해당 부서가 지원하는 형태로 운영하였고 공장설립이 완료되면 바로 가동하는 체계로 운영되었다. 이러다 보니 일부 부족한 상태로 가동이 되는 경우도 있어 도입 초기에는 생산성 저하, 품질문제 등이 발생되기도 하였다. 이런 문제점을 해결하기 위해 전사 지원 부서에서 기능 스텝 분야별로 사전 준비 상태를 점검하고 지원하는 체계를 만들고 운영을 시작하였다. 지원 방법은 주요 경영프로세스인 7개 분야(마케팅, 개발, 구매, 제조, 물류, 품질/서비스, 영업)의 기능조직에서 참여하여 지원하도록 하였다.

품질 분야에서도 신규공장을 도입할 때 가동 전에 안정화하고 품질사고를 예방할 수 있도록 자체적으로 지원과 점검을 진행하고 있었다. 마침 전사 지원 부서에서 신규공장에 대한 지원방안 수립 도입 시 품질 분야도 참여하여 지원할 것을 요청하여 이 제도가 도입되면 어떤 방법으로 초기 셋업을 지원하고 문제 발생을 최소화할 것인지에 대해 부서원들과 토의하기 시작하였다.

토의 결과 방법은 품질경영시스템 구축 항목을 정리하고 체크리스트로 만들어 공장이 가동하기 전에 점검하고 미진한 항목에 대해서는 세부적으로 분석하고 가동 전까지 현장 지도를 하는 것으로 결정하였다. 체크리스트 기본 구성 내용은 ISO 9000 요건과 정기적으로 실시하는 품질평가 항목을 반영하여 공장을 가동하기 위해 사전에 구축되어야 할 항목을 정하고 체크리스트로 만들어 공유하였다. 이후 신규공장이 발생되면 품질경영프로세스가 제대로 운영될 수 있도록 준비가 되어 있는지 체크리스트를 통해 현장에서 점검하고 확인된 문제에 대해서는 담당자와 협의를 통해 개선 대책을 수립하고 현장에 상주하며 함께 개선하였다.

신규공장 설립이 추진되면 해당 분야 전문가를 중심으로 T/F를 구성하여 점검일정과 방법 등에 대해 결정하고 분야별로 실행하였다.

전체적인 평가는 공장설립 진행 과정에서 중간 점검을 실시하고 이후 공장 구축이 완료되면 현장에서 종합적으로 평가하여 가동여부를 승인하는 프로세스였다. 승인여부는 정해진 항목과 점수로 평가하고 일정 수준 이상이 되어야 가동 승인하도록 하였다.

품질 분야도 그동안 자체적으로 현장평가 중심으로 진행하던 것을 중간평가, 현장평가로 구분하여 진행하기 위한 기준과 방법을 수립하고 실시하였다.

중간평가의 경우 품질프로세스를 분석한 후 표준화 실시, 검사공정 설계, 공정능력 분석을 통한 리스크 예방, 품질관리 및 분석을 위한 조직 구성 등의 항목을 중심으로 평가하였고 현장평가는 프로세스 표준화가 제대로 되어 있는지 준수는 하는지와 품질분석 능력, 시생산 결과 불량률 등을 평가하고 최종 점수를 산출하도록 하였다.

신규공장은 제품군이 많다 보니 해외를 중심으로 매년 몇 개씩 발생되기 시작하였으며 이를 대응하여 평가 및 인증을 위해서 해외출장이 잦아졌고 이로 인한 인원 운영에 어려움이 발생되기도 하였다. 우리 부서에서는 효율적인 지원을 위해 적은 인력을 기준으로 지역과 제품에 대한 담당 분야를 지정하여 대응하였다. 신규 공장 평가 현장에서는 인증 불합격이 되면 가동을 할 수 없고 재인증을 신청하여 다시 평가를 받아야 되었으며 이때 재인증평가를 위해서는 많은 시간이 소요되기에 처음부터 불합격이 발생되지 않도록 적극적으로 대응하고 문제 발생 시 즉시 개선 조치할 수 있도록 운영하였다. 평가 결과 불합격 점유가 높은 항목은 새로운 공장 설립 시 사전에 공유하고 준비할 수 있도록 조치하는 등 불합격을 방지하기 위한 사전예방 활동이 생활화되면서 전체적인 초기 가동 능력이 향상되는 효과가 나타났다.

신규공장에 대한 인증평가는 간섭이라기보다는 先시스템 後오퍼레이션이 라는 목표를 가지고 운영되는 것이며 시스템과 프로세스 없이 공장이 운영될 경우 많은 문제가 발생되고 특히 품질에 대한 고객 불만족과 납기를 준수할 수 없는 어려움이 발생된다. 이러한 것을 사전에 예방하고 체계적인 신규공장 가동을 위하여 어떠한 형태로든 가동을 위한 기준을 만들어서 운영하는 것이 실패를 최소화하고 조기에 가동 능력을 향상시킬 수 있는 도구가 될 것이다. 나 또한 이러한 도구를 만들고 운영하는 데 참여하고 실행하면서 품질프로세스 설계 방법, 새로운 공장·라인·조직이 생겨날 경우 대응하는 방법, 순서 등에 대해 몸으로 익힐 수 있는 기회가 되었으며 현재 컨설팅을 진행하면서 새로운 시스템을 구축하는 데 피 같은 경험이 되고 있다.

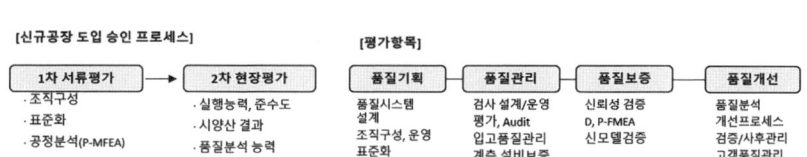

- **해외공장에 대한 품질지도**

수출 및 판매 확대, 지역에 특화된 글로벌 제품의 지속적인 증가에 따라 해외공장이 계속해서 설립되고 증가하면서 현지에 맞는 품질경영에 대한 중요성도 함께 증가하였고 한국의 생산기지가 해외로 점진적으로 이동하면서 품질관리도 국내와 함께 해외공장의 비중이 점차 확대되었다. 품질관리 관점에서만 보면 새로운 리스크가 확대되는 것이었다.

신규로 설립되는 공장에 대한 리스크를 사전에 예방하고 관리하기 위하여 도입된 신규공장인증제도 운영과 함께 가동 이후 조기 안정화 및 품질향상을 위한 체계적인 지원활동이 필요하였다. 부서원들과 지원 방법과 방안에 대한 협의를 통해 현장에 상주하면서 개선 활동을 하는 것이 가장 효과적인 방법이라는 의견이 많아 이에 대한 추진을 어떻게 할 것인지 준비에 들어갔다.

부서 내 운영 인원이 넉넉하지 않은 상태에서 많은 지역을 한 번에 현지 상주 지도 하는 것은 어려움이 있어 대표 지역에 적합한 전문가를 선정하기로 하고 해당 지역의 제품 담당자와 함께 T/F 형태로 구성하여 개선 활동을 하기로 하였다.

지역과 인원 선정은 나를 포함하여 부서 내 경험 많은 고참과 전문가를 중심으로 지역을 나누어 현지 상주 개선 지도를 하기로 하고 준비를 시작하였다. 1차 현장 상주 지도 지역은 생산제품군이 많고 생산기지 이전이 많이 이루어진 지역을 우선적으로 선정하여 준비하였다. 선정된 지역은 태국, 멕시코, 베트남을 선정하여 준비하기 시작하였다. 태국의 경우는 전사 생산기술센터 주관 혁신대회가 계획되어 있어 내가 가기로 하고 나머지 2곳은 우리 부서의 해당 제품 전문가로 선정하였다. 우리 부서의 지역별 전문가를 선정한 후 제품별 담당자를 추천받아 T/F를 구성하였다. 현지에서 상주 지도 하는 기간은 3개월을 목표로 하였고 태국 지역만 혁신대회 진행일정에 맞추어 지도를 하기로 하였다. 덕분에 태국 담당인 나는 해외 생활이 길어지게 되었다(6개월은 되는 거 같았다).

그동안 해외공장 개선 지도는 단기 위주로 진행되다 보니 장기간 지도를 위해서 무엇을 지도할 것인지? 무엇을 개선할 것인지에 대한 사전 준비가 많이 필요하였다. 물론 비자와 항공권, 호텔 예약 등 기본적인 준비는 선행해서 진행하고 있었다.

장기 해외 지도 준비를 위하여 T/F 인력과 워크샵을 진행하고 방향, 주요 개선지도 항목, 방법 등에 대해 논의하고 체크리스트를 정리하였다.

장기간 상주하면서 지도하다 보니 확실한 방향과 과제를 사전에 만들어 시작하지 않으면 상주 전과 후에 차이가 없을 것으로 판단하였다. 일상적인 품질관리 지도는 원격으로도 얼마든지 할 수 있는 내용이었다.

해서, 장기 현장 상주 개선 활동 방향 수립을 위한 과제 선정을 위하여 품질 부문에 대한 현상 분석과 과제 우선 순위화, 과제별 추진 방향과 일정 수립의 순서로 역할을 나누어 준비하였다. 현 수준과 개선목표 사이의 차이점을 분석하고 그 갭을 개선하여 품질경영 시스템을 종합적으로 업그레이드 하는 것이 목표였다.

먼저 품질수준과 고객에게서 발생되는 문제 내용을 확인하기 위하여 고객불량, 공정불량, 출하불량에 대한 세부분석을 실시하였다. 불량률에 대한 트렌드와 경향, 불량률 절대 수준 규모 등 품질수준에 대한 분석과 어떤 항목의 불량이 많이 발생되는지에 대해 분석하였다. 또한 제품의 품질수준뿐만이 아니고 공장 전반의 품질보증체계 운영 수준에 대한 분석과 개선점을 발굴하기로 하였다. 정기적으로 실시하는 품질 관련 오디트 및 연간 품질평가 결과, 기타 개선 활동 이력 등을 집계하여 프로세스 및 시스템 측면에서의 문제점을 찾아가는 분석을 하였다. 이때에는 여러 가지 품질관리 툴을 활용하여 분석을 하였다. 로직트리, 계통도, 연관도 등 품질분석 기법을 활용하여 분석하였다. 출장 전까지 품질수준과 품질보증체계의 운영 현안 및 문제점과 개선해야 할 항목 등 분석된 결과를 바탕으로 T/F 인원과 토의를 통해 선정하고 각자 맡은 지역으로 현지 출장길에 올랐다. 나는 태국 방콕행 비행기에 탑승을 하였다. 제품 담당자와 함께! 비행시간은 5시간 정도이지만 하늘에 떠 있는 내내 고민이 많았다. 어떤 방법으로 현장 인력을 설득하고 개선 활동을 적극적으로 참여하게 하여 효과를 만들어 낼지….

이런저런 고민을 하다 보니 어느덧 방콕 수완나폼 국제공항에 착륙하였다.

공항을 나와 같이 출발한 동료와 택시를 타고 공장이 있는 파타야 한 호텔로 두어 시간 이동하여 늦은 밤에 도착하였다. 우리는 호텔에 짐을 풀고 아침에 만나기로 하고 방으로 들어 갔다.

파타야의 새벽 공기를 마시며 출근 버스를 타고 공장으로 이동하였다.

도착 후 법인장과 관련 임직원께 인사 후 개선 활동 취지 및 지원 요청 사항 등을 설명하고 본격적으로 업무를 시작하였다.

추진 방법과 과제를 설명하면서 관련 부서 인원을 포함한 개선 T/F를 법인장 주관으로 구성 요청하였고 기간은 3개월로 하였다.

우리가 분석해 온 과제를 T/F와 협의 후 다시 한번 품질지표, 수준, 품질보증체제를 현지인력과 함께 추가 분석을 하여 과제를 확정하기로 하고 역할을 나누어 시작하였다.

개선 활동은 현상 분석, 과제 선정, 세부계획 수립, 추진 경과 리뷰 및 보고, 효과검증 순으로 진행하였다. 공정의 검사디지털화, 표준작업을 위한 간이자동화 도입, 고객이 느끼는 불량에 대한 해결, 현지인력에 대한 품질교육을 통한 의식 향상 등 3개월간의 활동을 마무리하고 효과를 검증하기 위해 최종적으로 분석하여 정리한 결과 많은 개선과 시스템이 정착된 것을 알 수 있었다.

처음으로 장기 현장 상주 개선 활동을 진행하면서 어렵고 힘든 일도 많이 있었지만 배우고 느낀 점이 더 많았다. 개선 활동의 성공은 모두가 협업하여 같은 생각과 방향으로 추진하지 않으면 성공할 수 없다는 것을 몸으로 체험하였고 사전 준비를 제대로 어떻게 하느냐에 따라 달라진다는 것을 느꼈다.

태국과 함께 진행했던 다른 지역의 개선 활동이 마무리된 이후에 나는 인도, 베트남 등 여러 지역을 지원 기간은 달랐지만 유사한 방법으로 현지 지도를 하였다. 품질관리와 경영을 해야 하는 대상과 방법에 대한 체험과 경험, 경력을 만들어 가는 계기가 되었다. 이러한 개선 활동 경험이 훗날 정년퇴직 후 컨설턴트로 활동하는 데 많은 밑거름이 되고 있다.

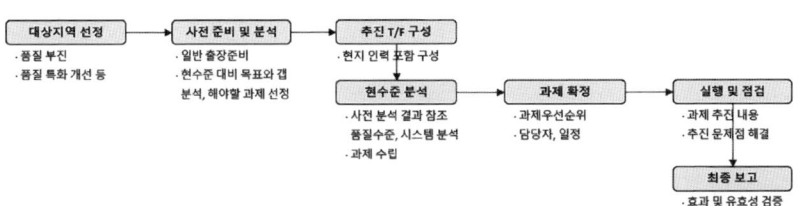

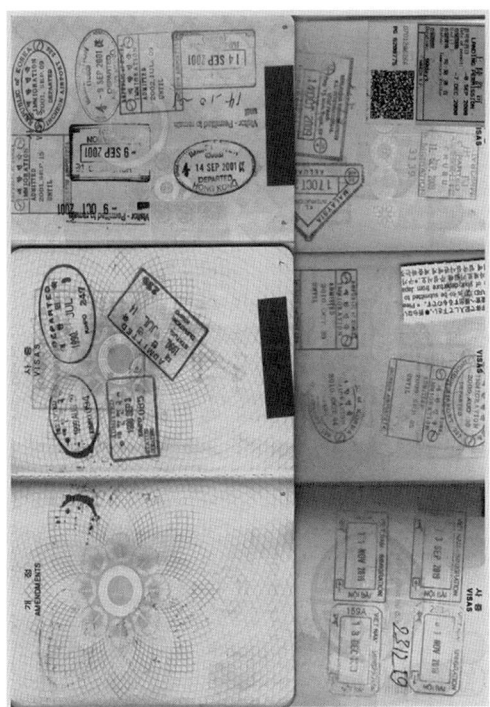

아주 일부지만 쫌 다녔네!

강산이 세 번 변한 경험으로
더 넓은 곳을 향해

이런저런 일들로 바쁘고 정신없는 생활을 하다 보니 어느덧 입사 후 30여 년의 세월이 훌쩍 지나가 버렸다. 생산 현장으로 입사해서 현장 수리사와 현장 관리자, 그리고 생산품질담당을 거쳐 전사품질관리 부서에 몸담고 생활하다 보니 강산이 세 번이나 변하는 시기를 보내게 되었다. 두 부서에서 나름 열심히 생활하고 선도적 생각으로 불만 보다는 문제 해결과 솔선수범이라는 기본적인 사상을 가지고 생활 하면서 조직과 조직원에게 나름 인정도 받고 필요한 사람으로 생활할 수 있었다. 물론 위기가 없었던 것은 아니다. 가끔은 하는 일에 대한 결과가 미약하고 상사와 논쟁이 일어날 경우 회사를 그만두고 싶은 생각도 여러 번 있었던 것으로 기억이 된다. 이러한 어려운 시기도 잘 버티며 지내다 보니 어느덧 내 나이 50이 넘어버렸다.

 2000년대 들어 밀레니엄세대, X세대, Y세대로 대변되는 신입사원들이 많이 들어오고 조직의 분위기도 과거와는 사뭇 다른 양상을 보이기 시작하였다. 베이비붐세대인 우리, 즉 나는 일이 중요한 우선순위였으나 X, Y세대는 일과 생활의 밸런스를 통해 일만이 최우선은 아니라는 문화가 있어 소위 말하는 세대 차이가 생기기 시작한 때가 아닌가 생각된다.

 우리는 "안 되면 되게 하라"는 구호를 아무렇지 않게 사용하고 실천하려 하였으나 신세대인 X, Y세대는 혁신적인 아이디어와 논리적인 전개를 통해 일을 해결하려는 세대로 보였다. 지금의 나는 조직에서 왕고참이기는 한데 생각이 다른 신세대를 따라가기에는 어려움이 많다는 생각에 고민이 깊어졌다.

 그동안 배우고 닦은 실력과 노하우를 좀 더 폭넓게 활용하여 어려운 곳, 필요로 하는 곳에 사용할 수 없는지 고민하던 차에 상생협력 부서에서 협력사와 중소기업을 대상으로 개선 지도를 할 수 있는 컨설턴트를 모집한다는 공고가 있었고 나는 조직장과 그동안의 생각을 협의하면서 최종적으로 지원하기로 결정하고 지원서를 접수하였다. 쉽지 않은 결정이었지만 후배에게 길을 주고 새로운 경험과 길을 가기 위한 결정하였다.

  많은 인원이 지원하였고 선발을 위하여 서류전형과 면접이 있었다.

  나는 서류전형에 합격을 하고 면접을 보러 오라는 통보를 받았다. 면접은 입사할 때 보고 처음 보는 일이라 긴장이 많이 되었다. 면접관은 현직에서 풍부한 경험과 실제 컨설팅 업무를 하시는 임원 중심으로 세분이 들어오셨다. 질문은 전문지식과 현업에서 즉시 사용할 수 있는 능력이 어느 정도인지를 검증하는 내용과 컨설팅을 하기 위한 기본 자세와 이해는 되어 있는지가 대부분이었다. 나는 긴장한 상태에서 그동안 배우고 느낀 내용을 설명하였다. 며칠 후 다행히 합격했다는 소식과 함께 자리를 옮기라는 통보를 받았다. 그래서 나는 이제 세 번째 새로운 변신이 시작되었다.

더 넓은 세상 밖
도전을 하면서

경험을 공유하기 위해 새로운 길을 나선다

　입사 후 30여 년이 지난 2013년 12월 첫날 나는 새로운 사무실로 출근하였다. 얼마 전 신청하였던 상생협력을 위한 협력사 컨설팅 부서에 합격하여 새로운 업무를 시작하는 날 이었다. 첫날 출근한 사무실은 사외에 별도로 있는 사무실이었다. 생각보다는 복잡하고 근무 인원이 꽤 많이 자리하고 있었다. 많은 분들이 일전에 품질업무를 할 때 알고 지내던 분들도 많이 계셨고 내가 업무에 적응하기에는 아주 좋은 환경이었다. 부서가 만들어진 지 오래되지 않아 모두가 새롭게 프로세스를 만들고 개척하는 일들을 병행하며 해야 할 일을 찾아가고 있었다.

　처음 부서가 만들어지고 기존에 있던 컨설턴트가 1기, 이후 들어온 우리는 2기 신입사원(?)이 되었다.

첫날 출근하여 부서장과 선배, 동료들에게 인사를 하고 정해진 자리에 앉아 업무를 시작하였다. 좀 낯설기는 하지만 그래도 재미있는 생활이 될 거 같아 빨리 적응하기 위해 열심히 하였다.

우리 부서의 역할은 그동안의 경험과 노하우를 가진 전문가가 협력업체 및 중소기업에 지식을 전달하고 경영을 개선하는 컨설턴트 역할이었다. 그동안 해보지 않은 업무이기에 초기 교육이 매우 중요하였고 이를 위해 부서에서는 컨설턴트로서 역할을 충분히 발휘할 수 있도록 한 달간 집합 교육을 실시하였다. 컨설턴트 자세부터 역할, 방법, 지식 등을 체계적으로 교육하는 프로그램이었다. 이 교육을 받으면서 30여 년의 회사 생활을 했는데도 이렇게 많은 것을 새롭게 배울 게 많이 있다는 것이 정말 충격이었다. 물론 업무가 달라 새로운 것을 접하고 있지만 그래도 배울 것이 너무 많았다. 보는 시각과 생각하는 방법에 대한 차이도 많이 생겼다.

그동안은 사내에서는 관계부서와 협업을 통해 최상의 답을 가지고 개선할 수 있었으나 컨설팅 부서에서는 컨설턴트 개인의 능력과 역량으로 중소기업의 애로사항을 개선하여 최상의 경영 활동을 할 수 있도록 지원, 지도하는 것이다. 대기업보다 규모가 작고 전문가도 부족하고 프로세스별로 담당자를 두고 경영을 하기에는 인력 규모도 작은 회사가 대부분으로 족집게 과외가 되지 않으면 성공하기도 어려운 실정이다. 이러한 어려움과 문제점을 잘 파악하여 분석하고 대안을 수립하여 실천할 수 있는 항목으로 과제화하여 지도함으로써 현재보다 발전하고 최적의 경영 활동을 할 수 있도록 만들어 주는 것이 주목적이다 보니 하나부터 열까지 모든 것을 나 스스로 준비하고 해결해야 하였고 그래서 지금까지보다는 더욱 많은 공부와 준비가 필요하였다.

어느덧 한 달의 교육이 끝나고 마지막 수료의 시간이 돌아왔다. 모든 것에는 공짜가 없듯이 수료 또한 쉽게 되지 않았다. 시험을 통과해야 수료가 되는 것이었다. 공부와 시험은 죽을 때까지 해야 하나보다~

새로운 업무와 내용으로 많은 관심도 있고 해서 열심히 공부하였다. 퇴근 후 집에서 그날의 내용을 숙지하고 메모하는 일을 거의 매일 하였던 것 같다. 가족 모두 이런 나를 보고 서울대 입시 시험 보냐고 놀리기도 하였다.

나름 결과는 대만족~ 교육생 중 1등을 하지 않았나! 내가…. 역시 모든 일은 얼마만큼 본인이 노력하느냐에 따라 성과가 달라진다는 것을 또 한 번 느끼게 하는 사건이었다.

수료식에서 1등, 2등, 3등에게 선물을 주었다. 2등 3등은 열심히 강의하고 교육하고 지도하라는 의미의 레이저 포인트를 선물로 주었다. 참 실용적이었다. 그러나 1등은 장인이 만든 머그컵이었다. 최고의 선물을 준비했다고 하던데~ 암튼 1등 선물이라 기뻤지만 순간 실용성에서 잠깐 실망했다.

한 달간의 교육이 끝나고 사무실로 출근한 첫날부터 지도를 위한 준비를 하기 시작하였다. 그동안 1기 선배들이 정리하고 있던 업무프로세스, 지도 방법 등 컨설팅을 위해 준비한 것을 공부하면서 새해를 맞이하였다.

새 술은 새 부대에

(새로운 업무를 위한 룰 만들기)

  2014년 1월 새해 첫 출근을 새로운 근무지인 컨설팅 센터로 출근을 하였다. 당시 컨설팅센터는 회사 밖에 위치하고 있었으며 30년을 넘게 출근하던 사업장이 아닌 외부 근무지로 출근을 하니 낯설고 기분이 묘하였다.

  첫 출근길이라 사무실 내 동료들께 인사를 하고 자리로 돌아와 업무 준비를 시작하였다. 새로운 장소에서 새로운 업무에 적응하려 하니 신입사원이 된 기분이었다. 이렇게 2주 정도 내부 교육과 개인 준비 시간을 보내었다.

  컨설팅센터가 정식으로 운영하기 시작한 기간이 짧고 새해를 맞이해서 해야 할 일과 운영 방안 등을 수립하고 나와 함께 신입 컨설턴트를 포함한 조직을 정비하는 작업을 하고 있었다. 당시 조직은 파트와 분과로 구분하여 운영하고 있었고 나는 품질 분과에 소속되었다. 파트는 컨설팅을 분야별로 조합하여 최적으로 운영할 수 있도록 하는 역할을 하였고 분과는 전문 분야별로 구성되었으며 언제든지 컨설팅에 참여하고 지도할 수 있도록 해당 분야의 전문지식과 능력이 요구되어 능력 향상을 위해 지속적인 준비가 필요하였다. 참고로 분과는 경영, 인사, 혁신, 개발, 구매, 제조, 품질 등 7대 전문 분야로 구분하여 운영하였다.

조직의 효율적인 운영을 위해 파트장과 분과장을 두고 컨설팅 운영을 할 수 있도록 하였으며 품질분과장으로 내가 선정되었다. 이런 ~ 신입사원이 뭘 안다고 이렇게 힘들고 어려운 역할을 주시나이까!

처음 맡은 역할이기도 하고 컨설턴트가 무엇을 해야 하는지? 컨설팅 실행과 능력에 대한 컨설턴트 간 편차는 없는지? 고민이 되었다.

중소기업 입장에서 살펴보면 누가 와서 컨설팅을 하더라도 양질의 내용과 효과를 만들어 낼 수 있는 컨설팅을 받고자 할 것인데 참여하는 인력에 따른 차이가 있다면 개인이나 조직 모두 바람직하지 않은 일이었다.

우선 컨설팅 시작부터 종료까지의 활동과 컨설팅 시 현 수준을 분석하고 테마별로 개선 활동을 전개할 수 있는 매뉴얼 작성이 필요하였다.

선배들께서 컨설팅 프로세스, 프로세스별 해야 할 일과 액티비티는 정리되어 있었다. 컨설팅 프로세스에 대한 정리는 되어 있으나 분야별 컨설팅 항목과 어떤 내용을 분석하고 지도하고 전수해야 하는지는 조금 부족하였다.

마침 상위부서에서 분야별로 컨설팅 매뉴얼을 만들어야 한다는 지침과 함께 매뉴얼을 만들기 위한 가이드를 협의하였다. 협의 결과, 매뉴얼 작업은 분과별로 하는 것으로 결정되어 품질 부문은 내가 주관이 되어 진행하게 되었다.

먼저 컨설팅 운영 스텝에 대한 매뉴얼은 선배들이 준비해서 정리가 되어 활용 중이므로 이번에 준비 하는 것은 수준평가 체크리스트와 주요 개선 테마를 선정하고 누구나 동일한 레벨의 컨설팅을 할 수 있도록 매뉴얼로 만드는 것이었다.

일부는 되어 있고 일부는 새로 준비해야 하는 항목도 있고 정리가 필요했다. 일의 순서를 수준평가 체크리스트, 개선 테마별 매뉴얼 순으로 하기로 하고 시작하였다. 작업을 하면서 가장 중요하게 생각한 것은 나와 우리 컨설턴트가 중심이 아닌 고객 즉 컨설팅을 받는 중소기업 입장에서 도움이 되는 내용으로 만들어야 한다는 생각으로 준비를 하였다.

다른 분야도 같은 생각이겠지만 특히 품질 분야는 경영진과 상위 기업의 방침에 따라 차이가 발생하는 부문이 많이 있다. 고객 대응을 우선순위로 할 것인지 제조품질을 우선할 것인지 개발품질이 먼저 인지 등등에 따라 일부 관리하는 방향이 바뀔 수 있고 또한 경영진이 얼마만큼의 관심과 우선순위를 가지고 경영하느냐에 따라 많은 차이가 발생되는 분야이기도 하다.

이러한 중소기업의 경영환경을 반영하면서 기술적, 시스템적, 프로세스적으로 품질경영을 운영하는 수준이 어떠한지 객관적으로 평가하고 대안을 수립할 수 있고, 회사 간 비교도 객관적으로 할 수 있는 평가기준과 항목이 필요하였다. 이러한 콘셉트를 가지고 분과원들과 여러 차례 협의도 하고 벤치마킹도 하면서 체크리스트를 만들기 시작하였다. 품질은 전세계적으로 운영되고 있는 ISO 9000 시스템이 있어 이를 바탕으로 하여 모든 회사가 공통으로 사용할 수 있는 방법과 항목으로 만들었고 제품구조, 기술적인 차이가 있는 것은 특화된 항목으로 구성하였다. 최종 만점은 글로벌 또는 동일한 업종의 업계 최고 수준을 만점으로 하고 현재의 품질수준을 제대로 분석해서 차이가 얼마나 나는지 어디서 차이가 나는지 문제는 무엇인지를 분석할 수 있도록 만들었다. 예를 들어 해당 분야 글로벌 톱 기업을 100점 만점 기준으로 하고 평가 결과 점수를 가지고 수준을 평가하는 것이다. 30점 미만은 발생 문제 해결 수준, 50점 미만은 룰을 가지고 개선 활동 하는 수준, 70점 미만은 약간의 예방관리가 포함된 관리 수준 등으로 레벨을 평가하여 대안을 수립하는 것이다. 수준 평가를 위한 체크리스트를 도입해서 운영함으로써 좀 더 체계적이고 효율적인 문제발굴과 개선 활동이 가능해졌다.

체크리스틀 완성한 후 컨설팅 지도를 어떤 방법으로 할지 개인 간의 편차도 최소화하고 컨설팅을 받는 입장에서도 질적으로 도움이 되는 컨설팅이 되도록 하기 위해 매뉴얼을 만들기로 하고 분과원 모두 항목을 나누어 작업을 시작하였다. 개인적인 경험과 그동안 지도 사례를 반영해 만들기로 하였다. 매뉴얼은 타 분과의 진행 경과를 보아가며 만들었다.

매뉴얼은 정의, 현상분석, 개선 활동 방법, 개선사례, 필요양식, 프로세스 등을 테마별로 정리하기로 하였다.

대항목	중항목	대항목	중항목
1. 품질운영	품질목표	3. 품질보증	수입 검사
	품질조직 및 역할		공정 검사
	표준화		출하검사
	Q-COST 관리체계		불합격 Lot 처리
2. 품질관리	협력회사 품질관리	4. 품질개선활동	신뢰성 보증
	공정 품질관리		변경점 관리
	공정이상발생 조치		품질 data 관리
	계측기 및 측정장비		분석, 개선활동
	부적합품 관리		고객품질보증
	개발품질 보증		품질 Risk 예방관리

체크리스트 사례
주) ISO 9001 요건을 참조하여 정리

아는 것이 힘,
나의 모든 것을 아낌없이 주리다!

우리가 무슨 일을 할 때든 선배들이 귀가 따갑도록 해준 얘기가 있다.

바로 "아는 것이 힘"이라는 격언과 "안 되면 되게 하라."이다.

신입사원 초기 선배들께서 두 가지 전달 사항을 잊지 않도록 거의 잔소리처럼 한 말이었다. "앞으로는 배워야 한다.", "아는 것이 힘이다.", "모르면 회사 생활에서 살아남기 어렵다."는 얘기와 "솔선수범과 함께 안 되면 될 수 있도록 끝까지 노력하고 실천하라."는 말이다. 1980년대 초만 하더라도 선배의 얘기는 곧 법이었던 시절이 있었다. 이러한 지도와 교육 속에 생활한 나였기에 중소기업을 지도하면서 많은 차이점을 느꼈으며, 특히 임직원 교육 관련해서는 아쉬운 점이 많았다.

대기업의 경우 전사적으로 교육 부서를 두고 임직원에 대한 체계적인 교육을 실시하고 있고 임직원의 역량을 강화하는 것이 회사 발전에 근본적인 도움이 된다고 판단하여 많은 교육을 실시하고 있다. 그러나 중소기업의 경우 임직원에 대한 교육을 적극적으로 실시하는 회사는 많지 않았다. 제조업의 경우 매년 받아야 하는 법정의무교육과 국제인증시스템을 유지하기 위한 필수 교육 외에 임직원의 역량을 향상시키기 위한 내부, 외부교육을 실시하기가 어려운 구조이며 안타깝게도 참여율도 낮은 수준이다.

인력구조와 인프라가 열악한 중소기업의 경우 외부교육 참가는 쉽지 않다. 바로 비용 및 인원부족과 연계가 되기에 적극적으로 교육에 참석하는 것을 추진하지 못하는 분위기로 경영진의 결단 없이는 임직원 스스로 해결하기는 어려운 구조다. 이러다 보니 직무와 관련된 신기술, 새로운 정보, 선진기업의 변화 모습을 접할 수 있는 기회가 부족하였고 그러하다 보니 과거에 해오던 방식에서 변화하기 어려워 임직원의 생각도 정체될 수밖에 없는 구조로 해결 방법이 필요하였다. 물론 나 혼자 이 엄청난 구조를 변화시킬 수 있다고 생각하지 않고 할 수도 없을 것이다. 다만 내가 가지고 있는 그동안의 경험과 경력을 바탕으로 현장에서 필요로 하는 부문에 대해 적극적인 전달, 전수 활동에 활용하고자 하였다.

현장의 니즈와 필요성을 바탕으로 전문 분야인 품질 부문에 대해 체계적으로 중소기업 현장에서 필요로 하고 간단하게 교육 및 체험을 할 수 있는 내용의 교제를 만들기로 하였다.

그동안 개인별로 가지고 있던 내용도 있었고 개인의 스킬에 따라 내용에 많은 차이가 있었던 것을 짧은 시간에 중소기업에서 필요로 하는 내용으로 다시 편집하여 만들었다.

교육의 단계를 보면 기초(초급), 실무능력(중급), 전문가(고급) 등의 레벨을 가지고 회사의 수준에 맞추어 교육하고 전달하는 것이 중요하여 기초를 포함한 실무능력을 향상할 수 있도록 구성하고 추진하였다.

그동안 컨설턴트 개인별 역량에 따라 필요시 교육하던 것을 컨설팅을 착수할 때 대상 기업에서 필요로 하는 요청분야, 컨설팅 과제와 연계되는 항목에 대한 내용은 컨설팅 시작 전 또는 과제 진행 과정에 필수적으로 교육을 할 수 있도록 하였다.

중소기업에서는 이론도 중요하지만 실전에서 활용할 수 있는 실질적인 교육과 전수가 더욱더 필요하였다. 실전의 활용을 위해서 그동안의 경험을 중심으로 전달될 수 있도록 하는 것이 중요하였으며 나는 그 경험을 아낌없이 전달하려고 노력하였다.

품질은 관리도 필요하고 기술도 필요한 분야임은 확실한 것 같다.

데이터를 기반으로 분석하고 문제를 찾아내고 개선하는 것과 품질경영시스템이 정상으로 문제없이 운영하여 관리 상태에 있도록 하는 품질관리 활동과 검사, 시험, 평가 등 기술을 바탕으로 한 품질 기술도 중요한 분야이다.

기업에서는 두 분야 모두 만족하고 수준 높게 운영이 되어야 고객이 만족하고 감동할 수 있는 품질을 만들 수 있을 것이다.

중소기업의 이러한 능력을 높이기 위하여 인력 양성에 조금이나마 도움이 되도록 나의 모든 것을 아낌없이 줄 수 있는 컨설팅을 시작한 것 같다. 앞으로도 더욱 많은 것을 전달할 수 있는 기회가 있길 바라면서~

- **실전에 투입된 첫 번째 업무 "컨설팅 수요를 창출하라!"**

　컨설팅은 수요가 있어야 공급할 수 있는 철저한 경제학 이론에 기초하여 운영되어질 수밖에 없는 업무인 것 같다.

　사실 컨설팅이라는 것이 회사의 경영이나 특정 분야의 발전을 위하여 미리 준비하고 대책을 수립하기 위해 선행되어 진행되는 경우도 있지만 또 한편으로는 잘못된 부문, 해결이 어려운 업무에 대해 분석하고 대안을 제시하는 역할도 있다 보니 컨설팅을 받는 실무자 입장에서는 달갑지만은 않은 일이기도 하다. 우리의 컨설팅은 현실적으로 후자에 가깝게 추진하는 것이 현실이다 보니 수요가 많지 않은 것이 사실이다.

　또한 컨설팅을 진행하려면 주 업무 이외에 추가 업무이다 보니 소극적으로 참여하는 것이 현실이다. 경영진의 결정으로 할 수 없이 참여는 하지만 담당자의 입장에서는 '지금도 잘하고 있고 문제가 없는데 무슨 컨설팅이 필요해?'라는 생각으로 참여하다 보니 효과도 낮고 참여율도 낮아지는 문제가 있다.

　기업 주관의 컨설팅은 협력사를 대상으로 하는 것이 대부분으로 갑, 을 관계에 따른 영향이 있을 수 있어 자율적으로 컨설팅을 받고자 하는 협력사는 그리 많다고 할 수 없을 것 같다. 그러다 보니 컨설팅 대상 수요 기업을 찾아야 하는 어려움도 있다.

부서에서는 이러한 환경을 반영하여 수요 확대를 위해 주요 협력사를 대상으로 경영분석 및 현장 점검을 통하여 찾기로 하고 진단팀을 만들었다. 나는 이 진단팀 중 품질 분야 담당으로 참여했다. 부서를 옮기고 처음 참여하는 공식 업무였다.

이번 진단팀의 역할은 회사의 경영상 어려운 점을 개발부터 고객관리까지 전 프로세스를 분석해서 개선해야 할 아이템과 개선했을 때 회사에 얼마나 도움이 되는지를 제시하는 것이었다. 이를 위해 사전에 많은 공부와 준비가 필요하였다. 회사의 특성이 다르고 생산하는 품목과 문화가 다른데 아무 준비 없이 경험만 갖고 참여할 수는 없었다.

전체 진행 프로세스와 결과물에 대한 정리 방법 결정 등 공통 업무는 팀 리더가 중심이 되어 준비하고 부문별로 해야 할 일 등은 담당자가 준비하기로 하였다. 품질 부문의 준비는 당연히 내가 준비해야 하였다.

전에 있던 부서에 있을 때 점검하고 개선하는 것이 일상적인 업무로 체질화되어 수행하던 것이었는데 부서를 옮기고 나서 처음 진단을 해야 하는 대상이 협력업체이다 보니 좀 많은 생각을 하고 준비해야 목적을 달성할 수 있겠다고 생각되었다. 대기업과 중소기업은 인력부터 모든 구조에서 차이가 많이 있기에 협력회사의 현재 수준을 제대로 파악하기 위하여 어떤 항목을 확인할 것이고 어떻게 분석해서 개선할 내용과 방향을 회사 특성에 적합하게 제시할 것인지가 중요하기에 고민에 고민을 거듭했다.

대기업 눈높이에서 중소기업을 평가하는 것은 인력이나 시스템 측면에서 많은 차이가 나고 도움을 줄 수가 없기에 중소기업 수준에서 재도약의 기회를 만들 수 있도록 점검하는 항목과 방법을 찾는 데 중점을 두었다.

협력회사 분석을 위하여 품질 부문의 보편화된 ISO 90001 요건을 기반으로 체크리스트를 만들고 항목별 수준을 정하여 품질 부문의 레벨을 정할 수 있도록 만들었다. 품질에서 달성해야 하는 목표를 100점 만점으로 하고 얼마만큼 달성했는지를 분석하기로 하였고 프로세스 운영과 현장 점검을 병행하였다.

추진본부에서 대상 협력사를 선정하고 회사별 1주일 정도의 기간을 가지고 현장을 방문하여 점검을 하고 개선 필요성에 대해 설명하고 컨설팅에 적극 참여할 수 있도록 하였다.

프로젝트 추진은 추진본부에서 실시하였지만 컨설팅 부서로 전입 와서 진행한 첫 업무가 품질 분야의 진단 참여였고 이를 위해 사전에 준비하고 대응해야 하는 방법 등 컨설팅 업무를 추진하는 데 있어 종합적으로 많은 도움과 공부가 되었다. 첫 느낌은 사내에서의 업무와는 많이 다름을 느꼈고 역시나 경영역량 및 환경의 차이가 많다는 것이다. 앞으로 컨설팅을 해 나아가는 데 있어 피와 땀이 되는 중요한 업무 경험이었다.

• 상생경영에 밀알이 되자!

2013년 산업통산자원부 주관 산업혁신운동3.0이 활발히 추진되었다. 1970~80년대 공장새마을운동(산업혁신운동 1.0)의 자조 정신을 계승한 산업혁신운동3.0은 중소기업의 생산성 향상과 제조현장 혁신 활동을 지원하는 민간 주도형 기업 간 협력 사업이다.

1차 협력사 중심으로 산업혁신 활동이 이뤄졌던 산업혁신운동 2.0과 달리, 2·3차 협력사까지 산업혁신 활동을 확대한 산업혁신운동 3.0이 추진되었고 대기업과 1차 협력사, 전문가의 지원을 받아 참여기업이 자발적으로 기술혁신, 작업환경 및 생산공정 개선 등 생산성 혁신을 추진하였다.

S전자도 국내 산업계의 창조적 역량을 키우고 1·2차 협력사의 경쟁력 제고를 종합적이고 체계적으로 지원하는 '상생협력 생태계 조성 프로그램'을 마련, 추진하였으며 이를 지원하기 위하여 상생협력아카데미를 신설했다.

이 부서 내에 컨설팅센터를 신설해 1·2차 협력사의 품질, 생산성 향상 및 제조현장 혁신을 지원하는 활동을 추진하였다. 1차 협력사에 대해서는 작지만 강한 강소기업 육성을 목표로 인력 양성, 공동 연구개발(R&D), 기술과 노하우 전수에 집중하고 2차 협력사에 대해서는 기존의 1차 협력사 지원 프로그램을 확대해 경영혁신, 제조현장 개선, 생산기술 지원, 채용 및 교육 등 4대 분야로 나눠 협력사별 맞춤형 지원활동을 추진하였다.*

이곳이 바로 내가 새로 업무하기 시작한 부서였다. 사내 컨설턴트는 개발·경영·제조·품질·혁신 등 전문 분야별로 구성돼 있으며 나는 품질 분야 전문가로 참여하였다.

그동안에는 협력사 지원은 1차 협력사를 중심으로 지원하였으며 2차 협력사는 필요에 따라 지원하는 정도였으나 산업혁신운동 3.0에 참여하면서 2차사에 대해서도 집중적으로 프로그램을 만들어 지원 활동을 전개하였다.

물론 지원 프로그램 기초는 선배들이 만들어 놓은 것을 가지고 지도 활동을 하면 되었다. 지원 기간은 3개월을 기본으로 하였다.

나도 처음으로 2차 협력사를 배정받아 산업혁신운동 3.0에 참여하였고 협력사를 방문하여 지도를 시작하였다. 역시나 2차 협력사의 경영환경은 많이 열악하고 모든 부문에서 어려운 점이 많았다. 다시 한번 느끼는 것이지만 인력, 환경 등이 그동안 익숙한 현장과

---

* 디지털타임스 2013-09-24 기사 참조.

는 많은 차이가 있다는 것을~

처음 방문한 회사는 휴대폰에 들어가는 1차사 부품 중 일부 공정을 생산하는 회사였다. 부품 하나를 만들기 위한 10여 개의 많은 공정 중 하나의 공정을 생산하는 회사로 고객이 전과 후, 그리고 1차 협력사 등 관계되는 이해관계자가 많아 생산과 품질관리가 안 되었을 경우 납기지연, 품질문제 발생 등 회사 경영에 어려움이 많이 발생될 것으로 판단되었다.

현장에 처음 방문하여 회사 소개와 공정을 분석하는 과정에서 고민이 많아졌다. 현장 관리의 기본인 3정5S는 물론 생산성과 품질관리를 위한 데이터 또한 관리가 잘 안되었다. 부족한 것이 당연할 수도 있다는 생각에 고민이 깊어졌다. 어디서부터 시작할까?

임직원이라고는 대표, 공장장, 현장엔지니어, 경리가 전부였다.

우선 대표와 공장장과 함께 컨설팅 추진 및 과제 수립 방향에 대해 협의를 시작하였다. 회사·분야와 관계없이 제조현장은 3정5S를 기본으로 하여 생산성과 품질불량을 개선하는 것이 원칙으로 지도하고자 하는 회사도 3정5S 개선 활동이 긴급으로 필요한 상태로 즉시 추진하고 이후 생산성과 품질개선을 추진하는 것으로 협의하고 설득을 하며 지도를 시작하였다. 문제는 인력이었다. 대표와 공장장은 고객대응, 현장 문제 대응에 거의 하루 일과를 소비하고 있어 3정5S를 추진하기 위한 여력이 없는 것이다. 컨설턴트가 현장 개선에 개선 인력으로 실제 참여하지 않으면 안 되는 상황으로 나도 적극 참여하는 것으로 진행하였다. 컨설팅 기간은 3개월로 주 2일 현장을 방문하여 지원하고 있어 1일차는 3정5S 개선 참여, 2일차는 생산성 및 품질불량 관리를 위한 데이터 산출 및 분석할 수 있도록 기준을 수립하기로 하고 지원을 시작하였다.

현장의 불합리 개선, 불필요한 물품 제거, 구획선 관리 및 로케이션 정리 등 기본 지키기를 위한 개선과 함께 생산성향상을 위한 효율을 산출하는 방법과 지속적 데이터를 산출할 수 있도록 양식화하여 전수하고 품질불량은 육하원칙에 따른 분석과 대책 수립이 될 수 있도록 진행하였다. 동일 문제의 재발 방지를 위하여 간단한 Fool Proof 등을 제안하고 실시하였다.

상생협력을 위한 2차 협력사 컨설팅은 개인 역량을 바탕으로 정해진 룰 속에서 자율적으로 개선 활동을 지원하는 것으로 나의 첫 번째 사례가 되었다. 금번 2차사에 대한 컨설팅을 진행하면서 회사 규모에 따른 컨설팅과 개선은 어떤 방법으로 해야 할지에 대해 나름대로 정리가 되었으며 좋은 경험과 사례를 만들었다고 자평하였다. 이후 이 경험이 2차협력사 컨설팅을 하는데 기초가 되었다.

산업혁신운동 3.0과 함께 S전자에서는 강소기업을 육성하고 지원하였다.

강소기업 육성은 S전자 협력사 가운데 글로벌 부품업체로서 성장 가능성을 가진 기업을 선정해 경쟁력을 확보할 수 있도록 지원하는 제도다.

이를 위해 강소기업이 될 수 있도록 적극적인 컨설팅 지원을 하였다.

컨설턴트는 강소기업 요건에 맞는 개선과제를 만들고 과제를 충실히 추진하고 실천할 수 있도록 지원하고 이후 강소기업 선정 평가기준에 따라 선정 평가를 실시하는 방법으로 추진하였다.

나 또한 강소기업 지원 업무도 참여하여 몇 개 업체를 지도하고 평가 작업에도 참여하였다.

산업혁신운동과 강소기업 선정 지원, 지도 컨설팅은 상생을 위한 한 분야이기도 하였지만 개인적인 측면에서는 앞으로 컨설팅을 하면서 어떻게 해야 하는지, 어떤 방법을 동원해야 하는지, 효과를 만들기 위해서는 무엇을 해야 하는지 등 나 나름의 기준과 방향을 설정할 수 있는 좋은 기회이기도 하였다. 대기업 위주의 경력을 바탕으로 협력사를 지도하는 것은 쉬운 일은 아닌 것 같다. 규모가 10명 이하에서 몇백 명 수준의 기업과 대기업의 조직 구성, 업무

역할 분담, 시스템 운영, 교육 수준 등은 하늘과 땅 차이라고 할 수 있다. 나의 경험은 대기업 중심의 경험으로 지도와 처신을 잘못하였을 경우 전혀 방향이 다른 지도와 결과가 나타날 수 있고 협력사에 도움이 되지 않을 수도 있을 것이다. 이러한 부족한 부문에 대해 상생협력 일환으로 추진된 2차협력사, 강소기업 지도 및 지원 경험을 앞으로 있을 컨설턴트로 발전하는 데 있어 중요한 자산과 밑거름이 되었다.

　컨설팅 지도에 있어 중요한 것은 중소기업 등 기업 규모에 맞는 시스템과 이를 통해 고객을 만족시킬 수 있도록 지도하는 것이 가장 중요하다는 것을 배우는 계기가 되었다.

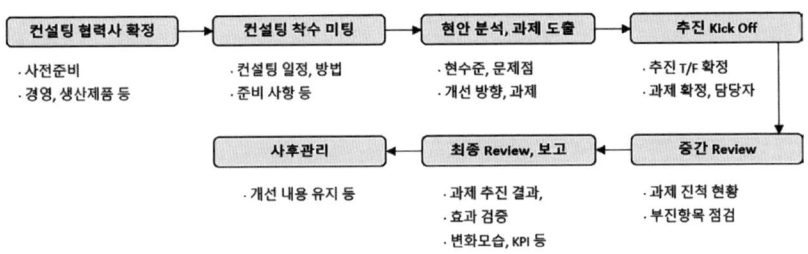

• 국내를 넘어 해외 협력사까지~

2005년 S전자의 5대 핵심가치에는 인재제일, 최고지향, 변화선도, 정도경영 그리고 상생 추구도 포함되어 있다. 협력사와 동반성장을 위해 상생협력의 가치를 일찍이 실천하였고 1차 협력사뿐 아니라 2·3차 협력사, 거래하지 않는 중소기업까지 지원하고 있다. 2013년에는 상생협력아카데미 컨설팅센터를 통해 협력사 맞춤형 지원을 하고 있었다. 이때 대상은 국내 협력사 및 중소기업이 중심이었다.

당시 해외에는 많은 생산공장이 진출해 있었고 이에 따른 협력사도 다수 진출하였다. 또한 부품 현지화를 지속적으로 추진하면서 로컬회사를 협력사로 선정하여 부품을 구매하는 경향이 늘어나고 있었다.

특히, 베트남의 경우는 베트남 정부에서 자국의 부품 생산업체에 대해 전략적 지원, 지도를 통해 경쟁력을 키우고 육성할 수 있도록 S전자에서 적극적으로 지도해 달라는 요청이 있었다. 이러한 요청을 받고 컨설팅센터에서는 베트남에 지원할 수 있는 인력을 파견하기로 하고 지원 방법, 지원내용을 협의하며 추진하고 있었다. 이때 로컬협력사의 컨설팅 지원 항목도 포함되어 추진이 되었다.

2015년 가을 컨설팅센터에서 베트남 컨설팅 지원을 준비하던 선배가 미팅을 요청하여 참석하였다. 그동안 내부적으로 베트남 로컬협력사의 시범 컨설팅 지원을 위하여 컨설턴트를 선정하고 준비하고 있었다. 나를 미팅에 참여시킨 이유는 품질 분야의 컨설팅 지원을 같이 하도록 요청하기 위해서였다. 당시 컨설팅은 분야별 전문가가 모여 한 팀을 이루고 지도하는 형태로 베트남 컨설팅 지원을 준비하던 분은 제조 분야 전문가로 품질 분야도 참여가 필요하다는 판단으로 나를 참여시킨 것이었다. 나는 새로운 경험이 될 것으로 생각되어 흔쾌히 참여하겠다고 결정하고 준비를 시작하였다. 전체 추진은 같이 참여하는 리더인 제조 컨설턴트 선배가 진행하고 나는 품질 부문 준비를 담당하기로 하였다.

해외 협력사 그것도 로컬협력사에 대한 컨설팅은 이때가 처음이다 보니 모두가 신경을 써서 준비를 해야 했고 나도 머리가 복잡해졌다. 해외 협력사 지도는 진출협력사인 한국계 회사에 대해 지도를 한 경험은 있으나 로컬협력사를 집중적으로 지도한 경험은 없었기에 많은 준비가 필요하였다.

이번 베트남 로컬협력사의 컨설팅은 하노이 지역부터 시범 운영하고 결과에 따라 이후 지속적으로 지원하고 확대 할 것인지를 결정하는 컨설팅으로 무조건 성과가 나와야 하였으며 그래야 향후 컨설팅센터의 먹거리를 확장할 수 있는 기회였다. 성과는 현지에 진출한 생산법인에서 효과가 나와야 인정이 되는 것이다. 리더는 물론이고 나에게도 매우 중요한 임무였다.

베트남 해외지원 컨설턴트로 결정된 이후 지도 방법과 항목 등에 대한 협의가 지속되었다. 기간은 3개월 현지 상주 지도로 하고 중간에 보고 및 보완을 위하여 일주일 국내 근무를 하기로 하였다.

지도 준비는 행정적인 것과 현장 컨설팅을 위한 준비로 구분하여 긴박하게 추진되었다. 먼저 행적적인 것은 비자, 호텔 등의 준비와 함께 현지지도 시 언어 소통 문제와 출퇴근 방법 등 세부적인 것에 대한 준비가 필요하였다.

특히, 언어 문제의 경우 관리자 이상은 영어가 가능한 경우가 많으나 현장 지도 시에는 실제 현장에 근무하는 작업자와 소통이 필요하여 통역을 요청하기로 하였다. 당시 베트남에는 한국어 붐으로 많은 대학에서 한국어과가 인기가 높았다. 특히 하노이국립대학의 한국어과는 최고의 인재가 모여드는 곳으로 유명하기도 하다.

해외지원 컨설턴트 구성은 제조업 중심의 제조 경쟁력을 향상하기 위한 컨설팅으로 제조와 품질전문가가 3개월 상주 지도를 하기로 하였으며 대상 로컬협력사는 하노이 지역 중심으로 선정했다.

컨설팅 방향은 우선 로컬협력사의 수준이 어느 정도인지 잘 모르기에 먼저 현수준과 문제점을 분석하고 제조, 품질 분야별 수준을 레벨링을 하기로 하였다.

레벨의 기준은 최고 선진수준을 100점으로 하고 이에 따른 달성도를 기준으로 수준을 결정하기로 하였다. 그래야 향후 개선되었을 경우 어느 정도 좋아졌는지, 글로벌 기업과 경쟁이 가능한지 등을 파악하기 위함이었다.

예를 들면, 1레벨은 시스템이 없는 공장, 2레벨은 불량 및 개선 활동만 하는 공장, 3레벨은 평균수준으로 ISO 시스템 운영 수준 공장, 4레벨은 일부 시스템 도입 및 자동화로 운영되는 공장, 5레벨은 최고수준의 공장 등 개념을 도입하여 레벨을 객관화하고 체크리스트와 분석 항목을 보완하였다.

드디어 결전의 시간이 다가왔다.

이런저런 준비를 하는 동안 시간은 참 빨리 지나간 것 같다. 가서 잘할 수 있을까 하는 걱정과 함께 출발 전날 회사에 인사를 하고 격려의 소리를 들으며 집으로 향하였다. 소풍 가는 아이의 맘처럼 무엇인가 마음속에 남아 있는 느낌이었다.

일요일 저녁 베트남 출발 항공기를 탑승하기 위하여 오후에 집에서 나와 리무진버스에 몸을 실었다. 당시에는 주말에 이동하여 월

요일부터 현지에서 업무를 할 수 있도록 출발하는 것이 관행이다 보니 일요일에 출발을 하게 되었다. 항공기에 탑승 후 기내식을 먹고 영화 두 편을 보고 나니 벌써 하노이 노이바이 공항에 도착하였다. 역시 베트남은 더운 나라였다. 공항 밖으로 나오는 순간 헉~ 습도가 장난이 아니었다. 회사에서 보내준 벤을 타고 호텔로 이동하여 체크인을 마치고 샤워를 하고 나니 밤 12시가 훌쩍 넘었다. 이제 잠을 청해야 내일 처음 방문하는 회사에 문제가 없을 것 같았다.

오지 않는 잠을 억지로 청하며 잠시 눈을 붙이고 나니 아침이었다. 이런 벌써 아침이라니~~ 이제 전쟁이 시작되었다 내 능력과의 전쟁~

• 차이와 다름을 어떻게 우리 수준에 맞추어야 하나!

　5시간여의 이동시간과 2시간의 시차, 시차가 그리 길지는 않지만 그래도 아침이 그다지 상쾌하지는 않았다. 호텔에서 아침을 먹고 출근 준비를 하고 로비로 내려가니 우리를 데리고 갈 벤이 와 있었다. 앞으로 지도가 끝날 때까지 함께할 차량과 기사다.

　긴장과 호기심을 가지고 처음 방문한 회사는 포장 박스를 만드는 회사였다. 사실 이때까지만 해도 베트남의 제조업은 포장, 사출 등 기술 난이도가 좀 낮은 산업이 중심이었다. 하이테크 산업으로 전환을 하고 제조업 실력을 키우기 위하여 전략적으로 베트남 정부에서 컨설팅 등 지도를 요청한 것이기도 하다. 암튼, 첫 방문회사에서 미팅 전 대표와 인사 겸 차담회를 하고 컨설팅 진행을 위한 담당자들과 오프닝 미팅을 시작하였다.
　잘돼야 할 텐데~

　미팅을 마치고 현장을 돌아보고 설명을 들으면서 좀 더 분석하고 현장과 시스템의 실제 운영에 대한 세부 점검을 통해 판단해야겠지만 많은 부문에서 국내기업과 많은 차이가 있고 낮은 수준의 공장으로 보였다.

품질은 기본기가 제일 중요하며 이를 통한 기본 지키기 문화가 회사에 자리 잡고 있어야 유지되고 발전되는 것을 그동안의 경험을 통해 습득하였으며 제일 중요한 항목이라고 생각되었다. 이러한 기본사상을 바탕으로 로컬회사를 둘러본 결과 기본이 무엇인지 찾기 어려웠고 품질에서 중요한 데이터 또한 확인하기가 쉽지 않았다. 함께 점검에 나선 제조 부문도 별반 다르지 않았다. 이제 고민이 되었다 짧은 시간에 어디까지 해야 할까? 우리가 하자고 하면 그대로 따라와 줄 것인지? 일단 첫 회사의 현황을 분석하고 분위기를 파악하는 데서 1일 차를 보내고 다음 날 두 번째로 회사를 방문하였다.

두 번째 회사는 제조 분야의 다른 컨설턴트분과 방문하였으며 주 품목은 사출 부품을 만드는 회사였다. 특히 충전기 케이스에 들어가는 사출이었다.

첫날과 같은 방법으로 미팅을 하고 현장을 보고 설명을 들으면서 이 회사는 그래도 조금 기본은 있구나 하는 생각이 들었다. 특히 사장이 직접 현장업무를 파악하고 세부적인 것까지 알고 있는 것이 좀 색달라 보였다.

두 번째 일정을 마치고 호텔로 귀가해 이틀간의 내용을 정리하며 많은 고민이 되었다. 이곳도 회사별로 수준 차이가 많이 나는 구나~ 아직 남은 두 회사가 있어 그곳까지 방문하고 난 후에 고민하는 걸로 하고 하루를 마무리하였다. 이후 포장비닐 제작 및 인쇄, 알루미늄 잉곳을 만드는 회사를 방문하였다. 좀 속된 말로 철공소부터 인쇄소까지 다양한 수준의 회사를 경험하게 되었다. 이번에 지도하기로 한 회사 네 곳 모두 방문하고 현상을 파악하였다. 이후부터는 정해놓은 지도 방법에 따라 체크리스트 점검, 현장 분석, 운영 수준 파악, 데이터 분석, 지표 산출 등 세부분석을 통해 개선방향과 과제를 수립하기 위하여 회사별로 진행하였다.

데이터는 없는 것이 대부분이고 운영 수준은 일부 낙제 수준이라고 보는 것이 편하였다. 이제 고민이었다. 어디까지 해야 할까? 할 것은 태산인데 기간은 짧게 정해져 있고 업체에서 모든 것을 받아들여 개선하는 것도 무리였다.

제조 분야는 더욱 어려웠다. 사실 품질도 제조가 체계적으로 운용되고 안정화되어야 품질관리를 할 수준이 될 수 있으니깐~

퇴근 후 저녁을 먹으며 리더를 중심으로 토론에 토론을 거듭하였다. 결론은 제조는 3정5S의 기본기를 중심으로 생산체계를 갖출 수 있도록 레이아웃, 물류흐름, 생산계획 수립 및 운영을 할 수 있는 기본적인 수준으로 만들고 품질도 이와 연동해서 기준에 의해 일을 할 수 있도록 가장 기초적인 작업지도서 표준화, 품질분석을 할 수 있는 데이터관리 및 지표화, 불량검출을 위한 검사체계 그리고 제일 불량이 많은 항목을 분석해서 개선하는 활동을 하기로 하고 실무 T/F를 구성하여 과제를 추진하기 시작하였다. 개선 활동은 3개월을 목표로 추진계획을 수립하였으며 중간에 진행 경과를 CEO 주관으로 T/F팀과 리뷰하고 보고하는 기회를 갖기로 하였다.

역시나 과제 진행은 쉽지 않았다. 과제를 왜 해야 하는지 달성했을 때 무엇이 바뀌고 무엇이 좋아지는지 등 하나하나 설명하고 설득하고 교육을 하면서 추진이 필요했다. 이 과정에서 불만도 많이 생기기도 하였다.

목적 달성과 과제 추진을 위해서는 CEO의 적극적인 참여와 관심이 필요하였다. 리더를 중심으로 우리는 방문할 때마다 CEO와 차담회 등을 통해 진행 내용과 CEO가 해주어야 할 일 등을 매번 전달하고 토의하고, 잘 안될 때는 문제가 무엇인지에 대해 얘기하고 조치를 할 수 있도록 하면서 과제를 추진하였다.

변화와 혁신은 참 어려운 것이 맞다. 그러나 변화의 모습이 체감되는 순간 새로운 세상으로 탄생된다는 진리를 다시 한번 현장에서 느끼고 보았다.

생산체계를 획기적으로 개선하기 위한 레이아웃의 재편성, 말이 재편성이지 공장을 새로 만드는 정도의 변화를 추진하였다. 물론 제조컨설턴트분들의 전문성이 있어 가능한 일이었다. 설비를 옮기고, 레이아웃을 새로 정리하고 구역을 정하고 먼지를 뒤집어쓰면서 추진한 결과 완전한 새로운 공장이 탄생되는 순간이었다. 품질도 많은 부문이 새롭게 변화하였다. 검사를 제대로 하기 위한 인프라를 새로 만들고 불량이 얼마나 나오는지 데이터 분석할 수 있는 틀을 구축하여 만드는 제품 수준이 어떤지 알 수 있도록 하였다. 물론 룰과 프로세스, 실행력 등 위에서 언급한 항목은 기본적으로 추진하였다.

결과는 대만족이었다. 생산성은 배가되고 품질불량은 반으로 줄어드는 효과가 나타났으며 이와 함께 제조 공장으로서 기본은 할 수 있는 역량을 만들었다는 것이 더욱 만족스러웠다. 특히 내부 인원들의 인식이 변화된 것이 가장 큰 성과였다. 끝날 때쯤 임직원들이 우리를 티처(선생님)라 부르며 한 가지라도 더 배우고자 적극적으로 질문하고 실행하는 모습으로 바뀌는 것을 보면서 우리도 가슴 뿌듯한 결과를 맛보았다.

최종 성과를 분석하고 완료보고를 하며 최초의 로컬협력사 지원이 현지에서도 관심이 많아 정부 관계자가 참여하고 방송에서도 홍보를 위해 촬영하기까지 했다. 성취감이란 이런 것인가 보다~!

1차 시범 컨설팅을 무사히 마무리하고 귀국을 하였다. 물론 리더의 리더십과 추진력이 아니었다면 달성하기 어려운 과제였다.

귀국 후 부서장께 결과 보고를 하면서 성과에 대한 칭찬도 듣고 다음해부터는 정기적으로 컨설팅을 할 수 있도록 하라는 지시를 받았다.

성과를 바탕으로 베트남 로컬협력사 지도 업무가 우리 부서의 정기 업무가 되고 많은 컨설턴트가 참여하고 추진할 수 있게 되었다.

이후 매년 상, 하반기에 정기적으로 로컬협력사에 대한 컨설팅을 추진하였고 나도 정년퇴직 전까지 지속적으로 컨설팅에 참여하였고 매년 베트남을 방문하게 되었다. 베트남 기업도 해가 갈수록 역량과 실력이 향상되어 가고 있었고 나중에는 일부 기업의 경우 국내기업 수준으로 발전이 되는 모습을 보고 잘된 것인지 잘못된 건지 헷갈리지만 암튼 그곳도 변화의 모습이 보이고 있으며 그 변화에 조금이나마 기여한 것 같아 뿌듯하기는 하였다.

처음 컨설팅을 시작할 때 우리와 다르다고 시작하였다면 결과는 어떠하였을까? 다르다, 틀리다보다는 우리와 차이가 있기에 차이를 줄이자는 생각으로 추진한 것이 효과적이었던 것 같다.

이제 언제 또 방문할지는 모르겠으나(관광 빼고) 모두 번창할 수 있으면 좋겠다. 컨설팅 시에 많은 도움을 준 통역사분들도 좋은 일만 있기를 바라며 지금도 가끔 그곳 소식을 통역사분들께 듣고 있다.

"Xin Cảm ơn"

베트남 TV 컨설팅 결과 홍보 방송

• **코로나19와 함께한 말년!**

군대 제대할 때 말년 병장은 떨어지는 낙엽도 조심하라는 말이 있다. 제대를 앞두고 엄한짓 하지 말고 잘 마무리하고 제대하라는 의미 같다.

2019년 말 느닷없이 찾아온 코로나19! 우리 모두의 생활 패턴과 업무 방식을 무자비하게 바꾸어 놓았다. 처음에는 별거 아니겠지, 금방 제자리로 돌아가겠지라고 막연한 생각 속에 지내다 점점 우리의 생활을 격리하고 가두어 놓기 시작하였다. 입사 이후 처음으로 재택근무라는 것도 이때 해보게 되었다. 우리의 역할은 현장으로 출동하여 문제를 찾고 개선하는 것이 직업인데 재택근무라니! 참 난감하기도 하였다.

다행이라면 다행일까? 2020년은 내가 입사한 지 40년 되는 해였고 정년은 1년 남짓 남아 있는 시점이었다. 옛날 어르신들 말씀으로는 40년이면 강산이 4번은 변했을 기간이었으니 짧지는 않은 세월이었다. 누군가는 어떻게 40년을 근무하지? 라는 의구심을 갖는 이도 많았지만 어찌되었든 나는 40년을 지나 정년퇴직이 가까이 와 있었다. 정년퇴직이 만 60세이니 거꾸로 계산해 보면 사회생활

을 언제부터 했는지는 산수를 할 줄 알면 금방 알 수 있지 않을까? 맨 앞에서 설명했듯이~

암튼 정년은 1년여를 남기고 불행인지 다행인지 코로나19로 인하여 강제적인 재택근무도 하고 내근도 하면서 나 자신의 업무와 그동안의 생활, 미래를 위한 준비를 조금이나마 할 수 있는 기회가 주어진 것이다.

회사는 불만이겠지만~

그동안 열심히 지도하고 교육하였던 내용을 집계하고 정리하였다. 생각보다 많은 일을 하였구나 하는 생각도 되었고 40여 년간 생활에서 무엇을 남기었지 하는 생각도 들었다. 자료와 데이터들을 색인 표로 만들고 정리하고 같은 업무를 하는 동료와 후배에게 인계해 줄 준비를 하였다.

이와 함께 미래를 위한 준비를 하기로 하였는데 나는 어떤 길로 제2에 인생을 준비할까? 참 고민이 많은 시기였다. 지금 하던 일을 계속 연장해서 할까? 아님 다시 회사를 찾아 능력 발휘를 할까?

이런저런 고민도 하고 간간이 협력사 지도도 하면서 어느덧 회사 생활을 마무리해야 하는 시점이 다가왔다. 당시 코로나19가 2년이 되어가지만 수그러들 기미가 보이지 않아 모든 행사가 금지된 상태라 정년퇴임 행사도 사무실에서 조촐하게 진행해 주었다.

마음이 싸했다. 이런 기분 처음인데?

　후배들의 격려 인사 동영상을 보면서 과거의 나를 되돌아보며 가슴이 먹먹해지고 눈물이 맺혔다. 그래도 그동안 나쁘게 살지는 않았구나~

　행사를 마치고 집으로 돌아오는 길을 동료와 후배들이 주차장까지 배웅해 주었고 나는 모든 것을 뒤로하고 발길을 집으로 향하였다. 40년의 정든 회사 곳곳을 생각하며~, 입사 때보다 많이 바뀌고 현대화한 시설들을 보며 이제는 이곳을 마음대로 와볼 수 없다는 생각에 서운함도 교차하였다.

　정든 매탄벌의 S전자여! 잘 있거라. 나는 간다~

　미래의 걱정도 있지만 우선은 좀 쉬면서 에너지를 재충전하기로 하고 늦잠도 실컷 자보기로 하였다.

　내일 아침에 일어나면 어떤 기분일까? 이제 갈 곳이 없다는 서글픔과 마음의 여유와 제2인생을 공부할 수 있는 기대가 교차할 것 같다.

　내 인생의 3분의 2를 투자한 생활을 마무리하고 새로운 인생길에 대한 기대감을 가지고 내일 새벽을 맞이하고자 한다.

40여 년의 한 우물을 되돌아보며

지금 나는 지나온 40년이라는 기간을 어떻게 설명해야 할까?

그것도 한곳, 한 분야에서 강산이 네 번 변하는 동안 한결같이 아침에 일어나 저녁에 퇴근하는 생활을 했을까? 참 나도 의문이다.

지금은 한 분야에서 오랜 기간 동안 생활한 것에 대한 자부심도 조금은 있고 나름의 전략과 전술이 있지 않았나 생각이 된다.

고등학교를 졸업하고 입사해서 정년퇴직할 때까지 많은 어려움과 위기 그리고 변곡점이 있었으나 무엇이든 적극적이고 긍정적인 생각으로 자신감과 신념을 가지고 적응해 가며 변화와 위기를 극복하도록 생활한 것이 지금 이 자리에 있을 수 있게 한 것 같다. 입사 후 나는 '솔선수범하자, 안되면 끝까지 되도록 하자, 나보다는 상대를 배려하자.'는 생각을 신조로 가슴에 새기며 생활한 것이 도움이 되었다고 생각한다.

나는 이곳 한곳에서 근무하면서 세 번의 변곡점을 맞이하였다.

제조로 입사해서 품질 분야 경험, 그리고 상생협력을 위한 협력사 컨설턴트라는 세 개 분야의 업무를 경험하였다. 다르기도 하고 연관성도 있는 일을 순차적으로 경험하고 적응하고 발전하면서 긴 생활을 할 수 있었다.

제조부서로 입사하여 현장 관리자로 성장하며 제조에 대해 많은 것을 배우고 숙지하였다. 개발·구매·생산 등 완성 제품을 만들어 가는 과정과 인력관리 등 이때가 지금까지의 나를 만들어 주는 기초 공사였던 것 같다.

이후 품질부서로 자리를 옮겨 품질에 대한 이해와 무엇을 어떻게 해야 하는지를 배우고 익히며 생산과정의 품질관리와 더불어 종합적 품질경영이라는 분야를 습득하고 실천하고 지도할 수 있는 능력과 경험을 익히게 되었다. 이때부터 나는 품질에 대한 인식에 변화가 있었다. 예를 들어 옷을 구매할 때 디자인은 기본이고 바느질이 꼼꼼한지, 흠집은 없는지 외관과 성능에 대한 품질을 중요시하여 구매하는 습관이 생기게 되었다. 이후 제조와 품질 분야의 경험을 바탕으로 컨설턴트로서 협력회사의 성장과 발전에 기여할 수 있는 계기가 되었다. 협력사 컨설팅 업무는 나의 종점과 새로운 시작이라는 의미도 있다. 그동안 배우고 익힌 산 경험을 필요로 하는 곳에 봉사할 수 있는 기회와 정년퇴직 후 미래를 결정할 수 있는 좋은 기회였다. 산 경험은 현장과 실제 업무를 통해 배우고 익힌 결과물일 것이다.

회사도, 협력사도 다 사람 사는 사회 중 일부이다. 조직, 개인, 선배, 후배, 비즈니스로 만나는 관계, 동기, 친구 등 다양한 이해관계자 속에서 내가 하고 있는 일에 대한 성과를 내기 위해 협업하고 조율하고 읍소도 하고 화도 내고 싸우기도 하면서 조화롭게 조율해 문제를 해결하고 발전해 가는 것이 중요할 것이다. 내가 중심이 아닌 상대방을 중심으로 이해하고 설득하고 협의하는 기본적인 자세를 가지고 생활하며 무리 없이 여기까지 온 것 같다.

일찍이 사회생활을 접하고 치열한 사회 환경 속에서 생활하다 보니 어느 순간 나 자신의 발전을 위한 투자가 소홀하다는 것을 느꼈다. 미래의 나를 위한 발전과 성장을 위해 무엇인가 해야겠다는 생각에 사이버대학교 등록을 하였다. 주경야독이라는 뜻을 이때야 제대로 이해가 되었다. 늦은 시간까지 업무를 하고 돌아와 인터넷으로 강의를 듣고 주말이면 오프라인 강의와 시험을 보고 레포트를 제출하기를 4년, 드디어 학사 졸업장을 받을 수 있었다. 회사 생활을 하면서 새로운 것을 배우고자 하는 욕심은 조금 있었던 것 같다. 이후 좀 더 전문적이고 성취감을 느껴보고 싶어 MBA에 도전하고 석사학위를 취득하는 성과도 있었다. 하면 된다는 속담을 피부로 느끼는 순간이었다. 이러한 노력들이 협력사지도, 컨설턴트로서 활동에 많은 도움이 된 것 같다.

현장에서의 산 경험을 바탕으로 배우고 경험한 노하우에 대해 그냥 묻어두기는 아까울 것 같아 정년퇴직 후 열악한 환경의 중소기업, 소공인에게 배우고 익힌 노하우를 아낌없이 전수하고 도움 주는 일을 하고자 한다.
그러기 위해서는 앞으로도 많은 공부를 해야겠지만~

이 책을 마무리하며 강산이 4번 변하는 동안 묵묵히 옆에서 도와준 집사람과 가족에 감사의 마음을 전하고 싶다. 새벽별 보고 출근하면 달이 떠야 집에 오는 생활을 반복하며 지칠 수도 있었지만 가족의 응원이 없었다면 결코 해피엔딩이 되지 못했을 것이다.

그동안의 경험을 잊지 않기 위해 이 책을 쓰게 되었으며 앞으로 새로이 사회에 진출하는 새내기, 현장의 경험이 필요한 분들께 조금이나마 도움이 되는 내용이었으면 하는 감사한 마음을 가지고 마무리하고자 합니다.

유명산의 4060
도전과 성장, 그리고 정년

초판 1쇄 발행 2025. 3. 10.

지은이 유명산
펴낸이 김병호
펴낸곳 주식회사 바른북스

편집진행 박하연
디자인 김효나

등록 2019년 4월 3일 제2019-000040호
주소 서울시 성동구 연무장5길 9-16, 301호 (성수동2가, 블루스톤타워)
대표전화 070-7857-9719 | **경영지원** 02-3409-9719 | **팩스** 070-7610-9820

•바른북스는 여러분의 다양한 아이디어와 원고 투고를 설레는 마음으로 기다리고 있습니다.
이메일 barunbooks21@naver.com | **원고투고** barunbooks21@naver.com
홈페이지 www.barunbooks.com | **공식 블로그** blog.naver.com/barunbooks7
공식 포스트 post.naver.com/barunbooks7 | **페이스북** facebook.com/barunbooks7

ⓒ 유명산, 2025
ISBN 979-11-7263-252-6 03810

•파본이나 잘못된 책은 구입하신 곳에서 교환해드립니다.
•이 책은 저작권법에 따라 보호를 받는 저작물이므로 무단전재 및 복제를 금지하며,
 이 책 내용의 전부 및 일부를 이용하려면 반드시 저작권자와 도서출판 바른북스의 서면동의를 받아야 합니다.